FRANZ KELLER – KEIN KOCHBUCH FÜR ANFÄNGER

FRANZ KELLER
KEIN KOCH BUCH FÜR ANFÄNGER

↗ EIN MEISTER-
KOCH VERRÄT SEINE
GEHEIMNISSE

↗ DIE WAHRHEIT
ÜBER EINFACHES UND
GUTES ESSEN

↗ SEINE BESTEN
UND EINFACHSTEN
REZEPTE

EDITION BRAUS

1. AUFLAGE
© 2004 Edition Braus
im Wachter Verlag GmbH
Hebelstraße 10
69115 Heidelberg
www.edition-braus.de

**HERAUSGEBER,
KONZEPT UND TEXT:**
Gerrit Ahnen, Franz Keller

DIGITALFOTOGRAFIE:
Gerrit Ahnen

**MEDIENBERATUNG
PRODUKTION UND
GESTALTUNG:**
Hanne Wilberg

DRUCK + BINDUNG:
Wachter GmbH
Bönnigheim

Der ganze oder teilweise Abdruck und die elektronische oder mechanische Vervielfältigung, gleich welcher Art, sind nicht gestattet. Abdruckgenehmigungen für Fotos und Text in Verbindung mit der deutschsprachigen Ausgabe erteilt die Edition Braus im Wachter Verlag

ISBN 3-89904-114-3

FÜR MEINE OMA MATHILDE,
MEINE MUTTER IRMA UND NORBERT,
OHNE DIE ICH NIE ZU(M) POTTE
GEKOMMEN WÄRE

INHALT – DIE GESPRÄCHE UND DAS MENU

Ein Mann in vielen Rollen. Die täglichen Einkäufe für sein Restaurant besorgt Franz Keller selbst. Für Austausch mit Kollegen wie seinem alten Meister Paul Bocuse bleibt wenig Zeit. Ehefrau und „Adler"-Chefin Brigitte-Marie Keller unterstützt ihren Mann bei Last und Lust der Ausübung seines kreativen Handwerks

10 VORWORT
Wolfram Siebeck

12 FOTOIMPRESSIONEN

26 WANDERJAHRE
Der Weg war das Ziel

48 PHILOSOPHIE 1
Der Koch als Unternehmer -
Glanz und Grauen der Sterne

78 DIE REISE ZU DEN PATRONS
Wenn du das Maximum willst,
musst du ganz oben anfangen

128 VOM ESSEN UND TRINKEN
Den Geruch habe ich heute
noch in der Nase

158 MENUS DER VIER JAHRESZEITEN
Viel Arbeit – aber jede Menge Genuss

162 FRÜHJAHRS-MENU
Löwenzahnsalat / Finther Spargel
Milchzicklein / Tarte Tatin

172 SOMMER-MENU
Tomatensugo / Gemüsesuppe
Freilandpoularde / Erdbeer-Feuilleté

182 HERBST-MENU
Zwiebelkuchen / Steinpilze
Rehkeule / Flambierte Sauerkirschen

192 WINTER-MENU
Feldsalat mit Zander / Lyoner Wurst
Charolaissteak / Schokokissen

202 PHILOSOPHIE 2
Es gibt nichts Neues – oder vom
Einfachen das Beste

232 WARENKUNDE FÜR
SLOWFOOD- FREUNDE
Alles über Charolais
Von Fischen und Krustentieren
Über Geflügel
Zum Schluss das Wild
Recht auf Genuss

INHALT – DIE REZEPTE

33	Brotteig
37	Beilagen Kartoffeln
39	Kartoffel mit Butter und Petersilie
43	Kartoffel mit Trüffel gebacken
45	Trüffelbrot
47	Brandteigkrapfen / Käsekrapfen
63	Graupensuppe
67	Herbstliche Pilzsuppe unterm Blätterteig
71	Kürbissuppe
75	Rohe Tomatensuppe mit Basilikum
77	Weisse Bohnensuppe
89	Froschschenkelsuppe mit Kopfsalat-Julienne
91	Geflügelschaumsuppe mit Trüffel-Julienne
93	Gratin von Nordseekrabben
95	Grüner Spargel
97	Morchel-Feuilleté
99	Ricotta-Spinat-Klösschen mit Salbeibutter (Nudis)
101	Hummerkrabbenschwänze mit Penne in Curry
105	Rochen
109	Rotbarben Marseiller Art
111	Saiblingfilets
115	Seezungenfilet auf Kopfsalat in Créme fraîche
125	Barbarie-Entenbrust in Basilikum
133	Entenragout mit Leber auf Crêpes
137	Freilandhahn in Ingwer-Karottensauce
139	Reb- oder Feldhuhn
143	Fleischküchle „Mathilde"
145	Kalbsfiletscheiben mit Gemüse-Duxelles
149	Kalbshirn in Gemüsereduktion
151	Mein Hirsch-Burger
153	Wildschwein-Gulasch
155	Honigeis (siehe auch Menu S. 170)
157	Mohn-Mango-Strudel
213	Mohn-Parfait
217	Orangen-Quark
221	Orangenschaum
225	Walnuss-Parfait mit Sckokoladensauce
229	Walnuss-Pudding mit Kirschsabayon

Wolfram Siebeck, Deutschlands bekanntester Restaurantkritiker und Gastrosoph

Was für ein Kerl! Was für ein Koch! Wenn es Franz Keller nicht gäbe, müsste man ihn erfinden, damit die deutsche Gastronomie nicht so unvollständig wirkte. Denn ohne diesen Typ in seinem Hattenheimer Wirtshaus bestünde sie aus ehrgeizigen Trüffelschnitzern einerseits, die Lebenskunst mit besternter Kochkunst gleichsetzen, und andererseits aus den Dosenöffnern mit dem Fachschulabschluss, die den Inhalt ihrer Tiefkühlschränke für den Heiligen Gral der Gastronomie halten.

Franz Keller verkörpert die Bodenständigkeit in Küche und Keller, wie sie den Optimisten vorschwebt, wenn sie zum hundersten Mal die immer gleiche Etepetete-Ästhetik eines Restaurants ansteuern, wo die Esskultur aus allen Knopflöchern quillt. Also Perlmutlöffel für den Kaviar und ein Silbertellerchen für den Korken. In „Franz Kellers Adlerwirtschaft" gibt es dagegen nicht einmal Tischdecken.

Nicht dass er damit bereits gewonnen hätte. Es gibt viele Wirte, die an der Tischwäsche sparen. Doch die wenigsten legen das Ersparte in Spitzenqualitäten bei den Zutaten an. Und nur ganz wenige können dann aus solchen Zutaten die raffiniert-einfachen Gerichte zubereiten, die bei Franz Keller auf der Speisekarte stehen. Diese bodenständigen Leckereien, für die er berühmt ist - und für die er sein bisheriges Leben so leidenschaftlich gekämpft hat. Es wäre vermessen zu behaupten, er habe jeden Kampf gewonnen. Doch seine Blessuren, die er nicht verbergen kann und will, waren der Preis für die Dickköpfigkeit, mit der er seine Ziele verfolgte. Zunächst wollte er, der Junge aus dem Kaiserstuhl, dem Vater beweisen, wie gut er war. Das gelang. Der Michelin verlieh ihm, der für die Küche des elterlichen Gasthofs verantwortlich war, zwei Sterne. Aber es war nicht genug für einen wie ihn, der bei den Denkmälern der französischen Haute Cuisine gearbeitet hatte, bei Bocuse, dem Pfannenwerfer, beim Kuttelkocher Lacombe, und bei Ducloux, der die Deutschen liebt einschliesslich ihrer Vergangenheit. Franz Keller verliess den Kaiserstuhl und machte sich selbständig. Von der alemannischen zur burgundischen Deftigkeit, das war kein weiter Schritt gewesen.

VORWORT

Dass er seine in beiden Regionen gewonnenen Vorlieben nun in Köln realisieren wollte, war schon kühner. Aber für zwei Michelinsterne reichte es auch jetzt wieder. Das mochte dem Gastronomen schmeicheln, dem Menschen Franz Keller war es nicht genug. So landete er im Rheingau und verwirklichte zuletzt in Hattenheim, was er im Grunde wollte – das einfache Wirtshaus, die schlichte Gaststube ohne Goldrand am Teller. Menupreise, die auch im Zeichen des Euro noch vernünftig sind. Überhaupt muss ihn damals in der Mitte des Lebens eine Woge der Vernunft erfasst haben. Er erkannte, was die Bressetauben von den Dächern pfeifen, dass sich nämlich kein Koch den Aufwand leisten kann, der in der Spitzengastronomie angeblich unerlässlich ist – und einen Betrieb nach dem anderen in die Pleite reisst. Da kam ihm seine burgundische Ausbildung zugute. Im Gegensatz zu den meisten seiner Kollegen wusste er genau, wie man auch aus weniger kostspieligen Zutaten kulinarische Köstlichkeiten herstellen kann. Indem er den Schwerpunkt seiner Menus auf einfache Produkte legte, schätzte er die Sehnsucht der deutschen Esser nach dem Einfachen richtig ein. Aber was für eine Einfachheit war das! Es war seine sinnliche Vorstellung von Einfachheit. Und die ist Gold wert. Denn Franz Keller ist nicht nur ein hervorragender Koch, er ist ein leidenschaftlicher Esser. Damit nimmt er eine Sonderstellung ein unter der Prominenz im kochenden Gewerbe. Kochen können sie mehr oder weniger alle. Manche sind brillante Küchenchefs, wahre Künstler bei der Gestaltung ihrer Teller. Aber so bald sie sich an ihren eigenen Tisch setzen, spielt Verfeinerung keine Rolle mehr. Es sind anspruchslose Esser.

„Wenn man den ganzen Tag Mozart hört, darf man zu Hause ruhig Rockmusik spielen!", heisst die gängige Erklärung. Sie ist grundfalsch und verhängnisvoll dazu. Den wahren Geniesser erkennt man daran, dass er sich nie und unter keinen Umständen mit dem Mittelmass begnügt. Deshalb kennt Franz Keller die Schweine mit Namen, die ein Bauer für ihn mästet, und er weiss, was sie zu fressen kriegen. Deshalb hat er einen Gärtner unter Vertrag, der ihm das Gemüse massgeschnitten in die Küche bringt. Und um das Mass seiner Vernunft voll zu machen, schliesst er seinen Laden an drei Tagen in der Woche. Man kann sagen, dass Franz Keller ein glücklicher Wirt ist.

> ↘ ...nur ganz wenige können aus solchen Zutaten die raffiniert-einfachen Gerichte zubereiten, die bei Franz Keller auf der Speisekarte stehen. Diese bodenständigen Leckereien, für die er berühmt ist – und für die er sein bisheriges Leben so leidenschaftlich gekämpft hat ↖

Das handgeschmiedete Wirtshausschild lockt in ein 150 Jahre altes Fachwerkhaus. Die ehemalige Remise einer Fabrikantenvilla in Hattenheim am Rhein ist heute Hort bodenständiger Tafelfreuden

Die täglich neue Herausforderung auch für einen alten Routinier: den Ansatz so abzulöschen, dass eine perfekte Sauce entsteht

Das Michelin-Männchen immer dabei: Wenn es Kellers Zeit zulässt, unterbricht er seine Einkaufsfahrten für einen Gang mit seinen Hunden durch die Weinberge des Rheingaus. Nebenbei werden Holunder und Wildkräuter gesammelt.

Zwei Welten: Franz Keller besucht Drei-Sterne-Legende Paul Bocuse in Lyon, bei dem er vor 30 Jahren gelernt hat. Heute betrachtet er dessen Gourmet-Tempel mit gelassener Distanz

In der „Adlerwirtschaft" in Hattenheim. Hier treffen sich alte und neue Freunde, Genusssüchtige und Lebenskünstler. Die Bilder an den Wänden spiegeln das bewegte Leben des leidenschaftlichen Kochs

Die Qual der Wahl: Franz Keller verkostet bei dem jungen „wilden" Winzer Anthony Hammond Jahrgangs-Rieslinge aus Steillagen. Ihr Merkmal ist das besondere Spiel aus Frucht und Säure

Im Wintergarten der „Adlerwirtschaft". Nach getaner Arbeit setzt sich Franz Keller manchmal zu seinen letzten Gästen und fachsimpelt über einfaches und gutes Essen

DER WEG WAR DAS ZIEL

Franz Kellers Wiege stand in einer Wirtschaft im badischen Kaiserstuhl. Von Oma Mathilde lernte er wie man Kartoffelsalat und Schäufele macht. Die nächsten Lehrmeister waren Paul Bocuse und Jean Ducloux. In ihren Küchen flogen die Pfannen, aber alles war vom Feinsten. Doch nach Wolfsbarsch in Blätterteig und Hechtkloss in Hummersauce kam die Rückbesinnung

Wandgemälde in der „Adlerwirtschaft" von Wolfgang Harms. Es symbolisiert die Weltwahrnehmung des Hausherrn: „Der ideale Lebenszweck ist Borstenvieh und Schweinespeck"

Dämmerung am Kaiserstuhl. Franz Keller blickt auf seine Heimat. Die Landschaft zwischen Schwarzwald und Vogesen, die Nähe Frankreichs, Boden, Klima und Wein haben ihn geprägt

WANDERJAHRE

Auf dem Schneckenberg in Vogtsburg-Oberbergen. Hier steht der „Schwarze Adler", seit über 100 Jahren im Familienbesitz. Franz Kellers Vater machte aus der einfachen Dorfwirtschaft eine Pilgerstätte für Liebhaber guter Küche und grosser Weine

Franz, kannst du uns deinen Werdegang schildern?
Ich wurde 1950 in Freiburg geboren. Als Kind habe ich bei meiner Mutter und der Grossmutter immer ein bisschen in der Küche mitgeholfen, und wenn es nur beim Zwiebelschälen für einen Zwiebelkuchen oder beim Brotbacken war. Als die Zeit gekommen war, habe ich eine Lehre gemacht, die für mich entscheidend war. Eigentlich wurde ich von meinem Vater gezwungen, eine Kochlehre zu machen, weil dieser nicht Koch lernen durfte von seiner Mutter aus. Zu den damaligen Zeiten galt der Kochberuf als nicht respektabel. Er sollte etwas Gescheites lernen und wurde Metzger.

Erzähle bitte ein wenig detaillierter über deine Erfahrungen in dieser Zeit.
Der Vater überredete mich massiv, bei Hans Beck in Freiburg eine Lehre als Koch anzutreten - im Gasthaus „Zähringer Burg" in Freiburg. Beck hatte das Glück, seinerzeit in der Schweiz in berühmten Grand Hotels zu arbeiten, bei „Baur au Lac" beispielsweise, wo sie die richtige Escoffier Küche gemacht haben. Die Lehre war mein erster Kontakt mit der Escoffier Küche. Damals war Pilsner Urquell mit Cordon Bleu angesagt, mit Champignon Sauce, und das war auch so eine richtige Bier- und Weinstube. Beck durfte gar nicht das kochen, was er konnte, aber das, was er im normalen Rahmen machte, war perfekt. Becks Mutter, die das Lokal führte, war furchtbar dominant und wie das Leben so spielt, hat er dann später eine Frau geheiratet, die noch viel dominanter war – die Tochter seines Grossmarktgemüsehändlers. Er konnte tolle Wiener Schnitzel zubereiten, wie es sich gehört. Ich habe gelernt, dass du es als Gast aus der Küche klopfen hören musst, wenn eine Kneipe Wiener Schnitzel auf der Karte führt. Wenn du es nicht klopfen hörst, kannst du gleich wieder gehen. Als Gast hatten wir unter anderen einen alten Bergwerksdirektor, der viel Geld gemacht hatte. Er hatte in Freiburg auf dem Sonnenberg eine riesige Villa. Das war damals für mich die grosse Welt.
Dieser alte Bergwerksdirektor mit Namen Hermann Hesse kam einmal die Woche zum Hans Beck. Am Tag vorher schickte er immer seinen Fahrer mit

alten Bordeauxweinen, die wurden stehend transportiert und mussten schon temperiert und dekantiert auf der Fensterbank stehen, wenn er kam. Für den durften wir dann richtig kochen. Ich muss sagen, dass der Mann in mir die Begeisterung fürs richtige Kochen und Essen geweckt hat. Wir haben den ganzen Tag das normale Programm gefahren, was wir eben kochen mussten, mit Pilsner Urquell und so, und dann nachts, wenn wir Feierabend hatten, kam Hans Beck und sagte, so Buben, jetzt kochen wir mal was Rechtes.

Wir waren drei Lehrlinge und der Chef.

Wir haben aus 18 Rebhühnern Muslin de Bertaux gekocht, wo zum Schluß acht Timbalportionen herauskamen mit einem obergeilen Schaum von Rebhühnern. Wir werkelten zu viert stundenlang an den Rebhühnern. Filetierten, marinierten, hackten, montierten, schmeckten ab und portionierten und am Ende ein Geschmackserlebnis vom Feinsten.

Wie kann man die Einflüsse von Auguste Escoffier benennen?
Was waren das für Einflüsse?

Mein wichtigstes und bestes Kochbuch, das beste, was es überhaupt gibt und von dem alle abschreiben, auch Bocuse und wer weiss ich noch, ist das Buch des alten Escoffier. Davon habe ich noch so eine alte Erstausgabe, die mir Bocuse einmal geschenkt hat, weil ich ihm den Titel der deutschen Übersetzung zu erklären hatte: „Kochkunstführer".

Es ist **das** Buch aller Bücher. Anfang und Grundlage allen französischen Kochens. Zehn Minuten blättern, nicht mal richtig durchlesen, bringen mir mehr Anregung als fast alle neueren Kochbücher der letzten 30 Jahre zusammen!

Kann man sagen, dass dort die Wurzel zu deinen späteren französischen Vorlieben und Ausrichtungen gelegt wurden?

Bei Beck habe ich die richtigen klassischen Grundzüge gelernt. Das war mein Glück. Wenn ich in irgendeiner Kneipe gewesen wäre, in Deutschland, hätte ich natürlich nie den Anschluss zu den Franzosen bekommen. Es waren ja damals gar keine Deutschen in Frankreich.

 **BROTTEIG**

EINKAUFSLISTE
Für ein 500 g Brot
400 g Mehl (405er),
30 g frische Hefe,
Prise Salz, Olivenöl

↘ *Ein richtig gutes Brot muss nach dem Backen erst einmal reifen. Man kriegt es frühestens drei Tage danach in die Hände. Das Zeugs, was man heute bekommt, kann man nur am selben Tag essen, wo es gebacken worden ist. Ein Tag später ist es schon steinhart, weil es einfach nicht gegangen ist. Das ist für mich Behelfsbrot. Beim Militär fände ich das gut, aber nicht für den normalen Gebrauch.*

↘ *Backpulver ist tabu, das kenne ich nicht. Ausgeknetet wird der Teig erst im letzten Moment. Die Hefe muss ins Brot. Der Teig muss mindestens ein, zweimal gehen, dann wird er geformt und geht noch mal und wird dann gebacken. Erst dann ist der Teig reif. Zu Hause haben wir das in einem Holzofen gemacht. Das heisst, das Holz wurde im Backofen zu jeder Menge Glut verbrannt. Erst wenn es nur noch glühte, verteilte man die Glut rechts und links und hinten im Ofen und machte die Mitte des Backofens mit einem Wurzelbesen sauber. Zuerst wurde als Test für die Hitze ein Zwiebelkuchen gebacken. War sein Rand nicht verbrannt, war der Ofen richtig fürs Brot!*

↘ *In Ihrem Herd sollten Sie es gut vorgeheizt erst bei 200° ein Drittel der Zeit, dann bei 160° bis 180° etwa eine Stunde weiterbacken.*

WANDERJAHRE

Zu Besuch bei seinem Bruder Fritz im heimatlichen Weingut „Schwarzer Adler" in Oberbergen beim Kontrollieren des Rebschnittes einer über 40jährigen Selektionsanlage. Aus ihr stammen international preisgekrönte Spätburgunder-Rotweine. Franz Keller senior vor dem Eingang des „Schwarzen Adlers". Hier wurde 1969 einer der ersten Michelinsterne Deutschlands erkocht und bis heute gehalten

Nach der Lehre hatte ich das Glück direkt nach Frankreich zu kommen. Über Beziehungen, die kaum zehn Jahre nach Ende des Zweiten Weltkriegs äusserst selten waren, die dazu noch auf sehr witzige Weise entstanden sind.

Kluge Elsässer, die aus den öfter wechselnden Besatzungen – mal waren sie Deutsche, dann wieder Franzosen, dann ging es wieder andersherum – die richtigen Schlüsse zogen, behielten und verankerten in ihren speziellen Landesrechten immer genau das, was ihnen von beiden Nationen am besten gefallen hat und ihnen entsprechende Vorteile brachte. So war es nur folgerichtig, daß sie nicht das alte Deutsche Reichsjagdgesetz annahmen, nach dem Wälder und Fluren der jeweiligen Ortsgemeinde gehören und das Jagdrecht nur von ihr verpachtet werden konnte. In Frankreich darf seit der Revolution von 1796 quasi jeder auf die Jagd gehen und herumballern. Es ist Bürgerrecht geworden, was vorher allein dem Adel zustand. So kamen nach dem Krieg jede Menge Industrielle und andere Leute mit Kultur und Geld ins Elsass zum Jagen. Sie wohnten in den kleinen Landhotels. Waren sie aber nicht auf der Jagd nach Rehen, Hasen oder Fasanen, suchten sie des guten Stils wegen aus diskreten Gründen andere Hotels im benachbarten Umland zum Übernachten. So ging man schon mal über den Rhein, wenn man die Freundin dabei hatte.

So wurde etwa 1955 der „Schwarze Adler" von Monsieur Drosset gefunden, von den Einheimischen einfach Adlerwirtschaft genannt. Es war eine normale Dorfkneipe, in der meine Grossmutter ab fünf Uhr morgens mindestens eine Flasche Hefeschnaps an die Reb- und Mischbauern verkaufte, bevor diese auf ihre Äcker oder in die Reben gingen. Nur am Samstag und Sonntag wurde die „Wirtschaft" bekocht. Hauptsächlich für Wanderer, die aber auch schon mal ihre mitgebrachten Vesper auspackten, worüber man sich natürlich schon damals nicht gerade besonders freute.

Immer wenn Monsieur Drosset mit seiner Elsässer Freundin kam – die wie Sophia Loren aussah und wohl von einem spanischen Flamencotänzer, der im Elsass zu Besuch war, abstammte – sorgte er für reichlich Aufsehen am Stammtisch. Residierten die beiden am runden Tisch, direkt neben Kachelofen

WANDERJAHRE

Franz Keller hat es von seinen Lehrmeistern gelernt: gute Küche beginnt beim Einkauf. Erst am Morgen in der Markthalle wird entschieden, was abends auf den Tisch kommt

und Buffet, fanden die alten Weinbauern einfach kein Ende und es kamen immer noch ein paar Viertele dazu. War das Pärchen aber nicht am Kaiserstuhl, löste sich die Tafelrunde spätestens um sieben auf.

Irgendwann reklamierte der Herr aus Besançon ein Bidet auf seinem Zimmer. Das Bemühen meines Vaters war fruchtlos. Kein Mensch in Deutschland kannte so ein Ding. Und so kam Monsieur Drosset eines Tages in seinem Citroên mit einem Bidet im Kofferraum vorgefahren. Unser Dorfinstallateur montierte es und seither war das Gerät unter dem Namen „Schneckenweiher" in aller Munde und zementierte den Ruf der Franzosen eindeutig!

Meine Eltern wurden dank des guten Gastes öfters mal von ihm mit ins benachbarte Elsass mitgenommen. So entstanden die ersten Kontakte zum Hause Gaertner in Ammerschwier, den Haeberlins in Illhäusern und vielen anderen, die noch heute mit unserer Familie befreundet sind. Es gab für sie natürlich Anregungen für eine andere und bessere Küche. Nicht nur Schwarzwälder oder Westfälischer Schinken, Schnitzel, Leberknödelsuppe oder Schäufele mit Kartoffelsalat, sondern auch Weinbergschnecken, Lamm Navarin, Wildhasenragout, flambierte Sauerkirschen und vieles mehr.

Wegen dieser Neuerungen in der einfachen Küche des „Adlers" in Oberbergen kam dann auch Herr Hermann Hesse aus Freiburg in den Kaiserstuhl zum 'guten' Essen gefahren. Über ihn lernten meine Eltern die „Zähringer Burg" und Hans Beck kennen, bei dem ich dann zur Lehre ging.

Wie bist du dann nach Frankreich gekommen, zu Paul Bocuse und den anderen Lehrmeistern?

Nach der Lehre, über diese Beziehungen im Elsass, über Leon Beyer und über Monsieur Drosset haben wir Monsieur Bocuse kennen gelernt. Die Haeberlin-Brüder waren zu der Zeit noch nicht zu Hause. Da hat die Mutter noch gekocht. Es gab nur zwei, drei Gerichte - eine normale Dorfkneipe. Der eine Bruder, Jean-Pierre, hat Kunst studiert in Paris und der andere, Paul, hat Koch gelernt. Dann kamen die heim und haben das geschaffen, was heute da ist.

Mein Vater wollte gleich, dass ich zu Paul Bocuse gehe. Bocuse sagte, was soll ich mit einem Deutschen, der möge bitte erst einmal kochen lernen. Er wollte schauen, ob ich was kann. Er hatte Freunde, die schlecht an Personal herankamen, und dort sollte ich zunächst hingehen.

So bin ich an den Ducloux gekommen, in Tournus an der Loire, im Burgund, im Restaurant „Greuze". Das war die erste französische Stelle, die ich hatte. Kein Mensch sprach Deutsch und ich musste ganz schnell Französisch lernen. Bocuse sagte, wenn du zu mir willst, musst du erst einmal zu Ducloux. Da lernst du Französisch und ein bisschen Kochen, und dann kannst du vielleicht zu mir. Und wenn ich bei dem versagt hätte, wäre ich natürlich nie zu Bocuse gekommen. Und ich war wirklich der erste Deutsche, der dahin kam. Das war wie Fremdenlegion damals. Im Schnitt fünf neue Köche im Monat und wir waren eine Brigade von 22 Mann, eher des öfteren weniger. Trotzdem aber nie mehr!

Wie ging's nach Ducloux weiter?

Nach Tournus hat der Ducloux mich zum Lacombe in den „Léon de Lyon" geschickt, in Lyon, der auch ein Kumpel von Bocuse war. Das war ein gelernter Metzger, ein Kerl wie Hans Moser. Der hat auch so ähnlich gesprochen, nur halt Französisch. Bocuse hat immer gesagt, der sei ein Geschäftemacher, er mache keine Qualität, sondern wolle nur Geld machen. Der hat es so gemacht wie die Italiener: zwei Drittel in die Tasche und ein Drittel in die Kasse. Bocuse hat den immer heimlich bewundert, weil er der Einzige war, der mit Gastronomie Geld machen konnte, wohl weil er Metzger war. Er hat alle andern immer verhöhnt, weil sie für die Ehre arbeiteten, er arbeite fürs Geld und er zeigte allen, dass das durchaus auch Spass macht. Alle grossen Köche - damals wie heute - meinen wohl, man könne nur mit den teuersten und edelsten Produkten zu Ruhm und Karriere kommen.

Er bewies allen, dass es auch anders geht. Suchte und motivierte Metzger, die für ihn aus einfachen Lyoner und regionalen Spezialitäten beste Produkte machten, wenigstens das Grundprodukt. So gab es bei ihm die besten Kutteln (Gras Double Lyonaise), Kuttelwurst (Andouillette) und Lyoner Wurst, wie ich sie genauso heute von meinen eigenen Schweinen in der Adlerwirtschaft anbiete.

🍽 BEILAGEN KARTOFFELN

↘ 1. GRATIN MONT D'OR (PAUL BOCUSE)

Lauchjulienne in Butter andämpfen und dann gemischt mit rohen, dünnen Kartoffelscheiben in ein mit Knoblauch und Butter ausgeriebenes, flaches Gratingeschirr legen. Salzen und pfeffern, mit frischer Sahne bedecken und im Ofen backen / gratinieren.

↘ 2. THYMIAN-KARTOFFELN (FRANZ KELLER)

4 mm dicke Kartoffelscheiben in ein ausgebuttertes Gratingeschirr legen (Ziegelform), dessen Boden bereits mit frischen, abgestreiften Thymianblättchen bestreut wurde. Obenauf Salz, Pfeffer und noch mal leicht mit Tymianblättern bestreuen. Nun eine Flüssigkeit herstellen aus je zur Hälfte frischer Sahne und einem guten, weissen Kalbsknochenfond. Mit dieser Flüssigkeit die Kartoffeln gut bedecken und in einem sehr heissen Ofen zuerst unten, später dann oben im Ofen backen, bis die Kartoffeln weich sind. Mit der Gabel prüfen. Normalerweise ist fast die ganze Flüssigkeit aufgesogen.

WANDERJAHRE

An der Hauptstrasse in Hattenheim: die „Adlerwirtschaft". Kein Haus mit grossem Entrée, die Gäste kommen auch in kleinen Autos

Beim alten Lacombe habe ich damals schon begriffen, dass das einfache Alltägliche auch kultiviert und bestens gemacht sein muss. Wer das als Gast oder Gastronom nicht begreift und versteht, kann meiner Ansicht nach auch kaum mit den sogenannten „Edelprodukten" was anfangen.

Der Alte fuhr damals schon diesen riesigen Citroën-Maserati der auf eine Grossmutter zugelassen war, und ein Haus, das er kaufte, war auf die andere Grossmutter eingeschrieben. Er war auch ein Meister im Geldverstecken. Von ihm haben alle gelernt, aber letztendlich nicht verstanden, wie es läuft, weil die anderen nur für die Ehre und auf die Karriere hingearbeitet haben. Leider hat er es im Alter mit der Zeit übertrieben. Meinte wohl, wenn die hohen Herren Finanzbeamten bei ihm essen und trinken, könnte ihm nichts geschehen. Irgendwann kamen sie dann mal vorbei - doch nicht zum Vergnügen, sondern zum Kontrollieren. Er wurde fürchterlich auseinandergenommen und starb bald danach. Sein Sohn brachte mit viel Mühe und Arbeit alles wieder ins Lot. Heute bin ich mit ihm, der den „Léon de Lyon" hervorragend führt und noch acht weitere Läden hat, befreundet.

Das macht für mich den Eindruck, als sei der Weg eines Spitzenkochs mit dem der Handwerksburschen von früher vergleichbar, die erst mal ihre Lehr- und Wanderjahre hinter sich bringen mussten, ehe sie zu Hause geachtet wurden. Wie lange dauerten deine Wanderjahre?

Meine Lehr- und Qualifikationszeit hat so etwa vier Jahre gedauert.

Nachdem ich lange genug bei Lacombe in der Rue Plenét war, konnte ich endlich zu Bocuse. Eines Morgens kam ein Anruf. Bocuse sagte, er sei in der Scheisse, er habe soeben vier Leute hinausgeworfen und er habe ohnehin nur vierzehn. Er brauche wieder Nachschub. Und dann konnte ich kommen.

Wie war das Verhältnis zu den Eltern, die den „Schwarzen Adler" in der Zeit ohne dich führen mussten?

Wir hatten damals zwei Elsässer als Köche, und denen konnte ich zeigen, was in Frankreich aktuell gekocht wurde, wenn ich mal an meinen seltenen freien Tagen nach Deutschland kam. Der eigentliche Grund für meine Heimfahrten war aber meine spätere erste Frau Brigitte – die Mutter meiner drei Kinder Kathrin, Celine und Franz junior.

War Bocuse so etwas wie ein Ziehvater für dich?

Er war schon eine Respektsperson für mich. Ich bin für meine Verhältnisse recht lange bei ihm geblieben, so eineinhalb Jahre vielleicht. Bei ihm habe ich mich festgesessen, weil ich ihn gut leiden mochte. Er mich auch – aber das hat er erst später gezeigt. Die Franzosen auf den einzelnen Posten haben das nicht lange ausgehalten. Die Kernmannschaft bestand aus fünf Köchen, zu der ich auch bereits nach fünf Monaten gehörte. Der Rest des Teams war mehr oder weniger „Kanonenfutter" und blieb fast nie über die gesamten zwölf Monate – wie ausgemacht. Kaum einer kam über den „Commi" hinaus.

Die Mannschaft hat mich anfangs an die Wand gedrückt, weil ich Deutscher war. Da habe ich gemerkt, dass der Alte mich gut leiden konnte. Ich wurde mit dem *Tourneau* „belohnt". Das Lokal war jeden Tag geöffnet. Das heisst, ständig hatten irgendwelche Leute frei und ich musste immer auf ihre Posten. Die anderen konnten mich nicht ausstehen, was ich daran merkte, dass der Kühlschrank immer leer war, wenn er eigentlich hätte voll sein müssen. Ich hatte den härtesten Job von allen. Aber da lernt man natürlich am meisten. Ich hatte ja diesbezüglich schon von meiner Lehre her einiges erlebt.

Bocuses Stellvertreter in der Küche war ein Super-Saucier, leider aber sehr empfindsam und tröstete sich ab und zu mit Weisswein, um den Alten über ihm wohl auszuhalten. Zu Hause ging es ihm wohl auch nicht viel besser.

Ich wollte eigentlich nur ein Jahr dort bleiben. Ein Jahr war Minimum, denn es hiess, wenn du nicht ein volles Jahr bleibst, kriegst du kein Zeugnis. Uns hat man suggeriert, dass du erzählen kannst was du willst – ohne Zeugnis galt die Zeit als wertlos. Viele Kollegen, die jetzt erfolgreich oder sogar berühmt sind, erzählen immer, sie seien bei Bocuse gewesen. Die haben mal ein Praktikum von vier Wochen gemacht. Bei Paul Bocuse flogen die Pfannen. Der Eckhard Witzigmann hat's, glaube ich, drei Wochen ausgehalten. Dann ist er wieder zu den Haeberlins gegangen. Der Paul Haeberlin ist ein ganz freundlicher Lieber,

KARTOFFEL MIT BUTTER UND PETERSILIE

EINKAUFSLISTE
Kartoffel, Butter, Petersilie –, soviel Sie essen können!

↘ *Gute Kartoffeln von der Sorte „vorwiegend festkochend" – also keine glasigen Wasserkartoffeln, sondern wenigstens leicht mehlig – schälen und in grösseren Stücken, mit möglichst wenig Wasser, gesalzen, langsam auf den Punkt kochen. Bitteschön gar und zwar richtig! Nebenher krause Petersilie grob – nicht zu fein – hacken.*

↘ *Die Kartoffeln dann mit dem verschobenen Deckel drauf abschütten und eine dünne Bodenschicht Kochwasser drin lassen. Ein Stück gute frische Biobutter und die gehackte Petersilie dazuschmeissen. Nun alles gut schwenken, bis möglichst keine Flüssigkeit mehr da ist. In diesem Moment servieren und das ist das Wichtigste: in diesem Moment!*

↘ *Deshalb sind Kartoffeln selbst in guten Restaurants einfach nur „Beilagen", auf die man getrost verzichten könnte. Vorgekocht und rumgelegen, bis sie gebraucht werden. Stellen Sie sich doch mal den Aufwand vor bei ca. 15 verschiedenen Beilagen in einem guten Restaurant, sprich – alles wird „à la minute" für jede einzelne Bestellung so gemacht.*

↘ *Machen Sie's mal zu Hause für sich; mit den richtigen Kartoffeln kann es göttlich gut sein. Dazu reicht ein guter Salat zum Beispiel oder gebratene Apfelstücke, oder ein Tafelspitzsalat.*

WANDERJAHRE

Feierabend: ein gut gezapftes Glas Bier mit der Küchen-Brigade beschliesst den harten Arbeitstag in Hattenheim. Im Burgundischen Tournus, Kellers erster Küchenstation nach der Lehre, war „Feierabend" ein Fremdwort. Das Bier trank der Chef

und der Eckhard war es damals auch. „Heinzi" Winkler erzählt auch schon mal, dass er bei Bocuse gearbeitet hat. Wahrscheinlich hat er dort mal gegessen.

Ich war also ein Jahr dort, bekam ein Zeugnis. Ausser mir war noch Claude Lutz da, er war der Souchef. Ich war der Zweitälteste. Alle anderen waren nicht zuverlässig. Das waren alles junge, neue Leute.

Bocuse hatte einen Vertrag für ein Restaurant unterschrieben und musste innerhalb von einem halben Jahr dreimal nach Japan. Er musste hin, ob er wollte oder nicht. Zur selben Zeit kriegte sein Küchenchef einen Magendurchbruch, und Bocuse sass in der Patsche.

Er kam zu mir und sagte: du bleibst hier. Ich sagte, dass ich nicht könne, weil ich nach Hause müsse. Mein Vater hatte schon ständig angerufen und gefragt, wann ich denn endlich käme und die Küche im heimischen Gasthof übernähme.

Bocuse machte mir eine Offerte. Er sagte, wenn du bleibst, helfe ich dir und du kommst nachher noch in Frankreich in einen richtigen Superladen. Du kannst mir sagen, in welchen Drei-Stern-Laden du willst, und dann empfehle ich dich dort.

Ich willigte ein mit der Bedingung, dass er, Bocuse, mit mir zusammen eine gastronomische Woche in Berlin machen solle, und zwar bei Sauter im „Hotel Berlin", der damals vom Kaiserstuhl kam. Der hatte mich fünfmal besucht, als ich bei Bocuse war, und mich gebeten, ihn zu dieser gastronomischen Woche in Berlin zu überreden.

Du bist also länger geblieben, als du wolltest.

Ja, so bin ich noch mal ein halbes Jahr dageblieben und musste alle Arbeiten machen. Ich musste einkaufen, und der Claude Lutz war der Küchenchef. Wir mussten die Leute in Schach halten, denn der alte Herr war immer wieder mal fünf Wochen nicht da.

Das Zeugnis habe ich jetzt nicht mehr. Bocuse hatte es mir noch handschriftlich gemacht.

WANDERJAHRE

Was die Gäste oft übersehen: ein gut geführtes Restaurant braucht nicht nur den Künstler am Herd, sondern auch die Bewältigung einer umfangreichen Logistik – von der Druckerpatrone für die Speisekarte bis zur Kreide für die Reservierungstafel

Hast du das Zeugnis, auf das du damals so scharf warst, jemals benutzt oder vorgezeigt?

Im Grunde genommen habe ich das Papier nie mehr gebraucht. Wenn du bei Bocuse warst, konntest du auf der ganzen Welt hingehen, wo du wolltest. Die sind dann gleich auf die Knie gefallen und haben dich gefragt, wie viel du verdienen möchtest.

Steigt einem das nicht irgendwann zu Kopfe?

Beim Aussenstehenden bewirkt der Schritt in diese Welt der Spitzengastronomie ein grosses Staunen. Wie kochen die da? Das konnte einem schon zu Kopf steigen, weil man halt bei der Elite war. Das Kochen im grossen Stil kannte ich schon von meinem Lehrherrn Beck. Der war ja auch verrückt, weil er aus 18 Rebhühnern fünf Portionen Essen machte, und du hattest hinterher immer noch Hunger. Dort haben wir es im kleinen Rahmen nachts gemacht, für tolle Gäste. Später, bei Bocuse, haben wir immer so gekocht.

Die Ware war nie knapp, nur das Beste, nur das Teuerste. Kein Aufwand wurde gescheut. Und wehe, wenn einer Vorschläge zur Rationalisierung machte. Wenn einer sagte: Monsieur Paul, wir könnten doch an einem Tag alle zusammen den Wolfsbarsch ausnehmen, die einen könnten dann schuppen, und die anderen könnten filetieren, wir könnten eine Art Kette machen, so wie der Ford seine Autos baut. Bocuse tobte, schlug mit der Faust auf den Tisch, dass die Schüsseln hochsprangen und schrie: ihr macht den Fisch, und ihr macht den von A bis Z! Wir durften aus Prinzip nichts rationalisieren. So wie ich heute gegen den Pacco-Jet bin, so hat der gesagt: nix! Es wird so gemacht, wie es sich gehört. Ganz, ganz konservativ. Wenn er einen entdeckte, der einen Arbeitsgang wegrationalisiert hat, ist der rausgeflogen – ob das jetzt praktisch war oder nicht. Es ging nur ums beste Endprodukt. Das war das Wichtigste für ihn.

Hast du Bocuse dazu überreden können, mit nach Berlin zu kommen?

Ich war in Berlin mit ihm. Er kam mit. Er hat das Honorar kassiert, ich habe die Arbeit gemacht. Dann hatte ich mit meiner damaligen Frau Brigitte (die Erste!)

die grosse Präsidentensuite im Hotel bekommen und versprochen, endlich einmal mit ihr acht Tage Urlaub in Berlin zu machen.

Am nächsten Morgen, um sechs Uhr in der Früh, rief Bocuse an. Er sagte, ich müsse am selben Abend um 18 Uhr in Paris sein. Ich müsse im „Pot au Feu" anfangen, weil dort der Küchenchef abgehauen sei.

Ich sagte: Monsieur Paul, Sie meinen, morgen in einer Woche.

Bocuse sagte: heute Abend 18 Uhr. Mein Auto stand in Berlin, es wurde abgeschleppt und ich musste es nach Wochen wieder auslösen. Ich bin dann von Berlin nach Paris geflogen, mit einem Handköfferchen. Im „Pot au Feu" war ich dann ein dreiviertel Jahr. Danach wollte mein Vater, dass ich heim kam.

Wer führte das „Pot au Feu"?

Das war der Michel Guérard. Er war der erste Revoluzzer von der Nouvelle Cuisine. Er war als Koch Autodidakt. Gelernter Pâtissier, was man auch an den Farben der Saucen bei ihm gesehen hat. Das Restaurant „Pot au Feu" war eigentlich eine gewöhnliche Kneipe in Asnière, einem Arbeitervorort von Paris. Die Küche hatte acht Quadratmeter inklusive der Herdfläche. Darin mussten wir zu viert stehen mit einem arabischen Spüler.

Wir konnten nicht auf die Toilette gehen während des Arbeitens, weil die Tür nach draussen durch den Gardemanger-Tisch verstellt war. In der Mitte unter dem kleinen Tisch war ein Loch im Boden, und wenn einer hinunter musste in den Kühlraum im Keller, hat er sich auf dem Boden sitzend am Tisch festgehalten und ist die Höllentreppe hinunter. Der Pâtissier war unten und wenn der seine Pâtisserie fertig hatte, klopfte er mit einem Besenstiel an die Decke und schrie „Envoyer!". Dann musstest du die Arbeit liegenlassen und die hoch gereichten Teller annehmen und weiterreichen. Du kamst dir vor wie auf einem U-Boot.

Was hat dir die Arbeit dort für deine persönliche Entwicklung gebracht?

Der Laden war ein halbes Jahr im Voraus ausgebucht. Seine Freundin hatte nichts anderes gemacht, als das Telefon bedient. Die Leute mussten ab drei Personen schriftlich reservieren und mussten noch einmal 24 Stunden vorher

KARTOFFEL MIT TRÜFFEL GEBACKEN

EINKAUFSLISTE

1 Trüffel, etwa 60 g, trockener Sherry, milder Portwein, 350 g Kartoffeln, Sahne, Butter

↘ *Einen Trüffel von etwa 60 g schälen, ungefähr 10 Minuten mit der Schale zusammen, in einem Fond (1/8 l) – bestehend aus trockenem Sherry, mildem Portwein und Wasser – ankochen und leicht salzen.*

↘ *Danach den Trüffel in hauchdünne Scheiben schneiden und die Schale äusserst fein zerhacken. Die Kartoffeln in dünne Scheiben schneiden, die nicht zu gross sein sollten. In einem flachen feuerfesten Geschirr, das ausgebuttert wurde, den Boden mit den feingehackten Trüffelschalen verteilen. Dann abwechselnd Kartoffeln und Trüffel wie Ziegel auf dem Dach auslegen. Ganz leicht salzen und nun die Hälfte des Trüffelfonds beigeben. Ein oder zwei Löffel frische, flüssige Sahne dazugeben und im Ofen bei nicht zu grosser Hitze in der Flüssigkeit durchziehen lassen. Wenn Flüssigkeit fehlt, können Sie immer wieder von dem Trüffelfond und ein wenig Sahne beigeben.*

↘ *Am Anfang nicht zu viel von der Flüssigkeit dazugeben, jedes Überkochen oder Überlaufen wäre ein Abstrich für das Aroma der Trüffelkartoffel.*

Um am Abend die Gäste verführen zu können, lässt der Koch sich am Morgen verführen: Hier ist Franz Keller der Lust an Pfifferlingen und einem Bündel Küchenkräuter für „Grüne Sauce" erlegen

telefonisch konfirmieren. Von ihm habe ich gelernt, wie man das alles disziplinieren kann.

Wir hatten eine Eingangstür aus Holz in unserem kleinen Häuschen, eine geteilte Tür wie in einem Stall. Dort haben die Leute geklingelt. Und dann hat der Kellner die obere Hälfte der Tür geöffnet und die Leute begrüsst. Links standen die Mülltonnen, rechts die Fahrräder vom Personal.

Das klingt wie ein Kultrestaurant für mich, wie ein Szenetreff, der mehr der Subkultur zuzuordnen ist.

In Paris verblassten die größten Restaurants gegen unseren Laden; Guérard war der absolute Shooting Star. Die Leute standen im Regen vor der Tür und der Kellner hat sie gefragt, ob sie reserviert hätten. Dann hat er sie darauf hingewiesen, dass sie versäumt hätten, die Reservierung zu konfirmieren und mit Bedauern festgestellt, dass der Tisch weg sei. Die verzweifelten Leute haben dann ein Glas Champagner bekommen und geweint vor der Tür und gleich wieder reserviert für ein halbes Jahr später. Sie wollten uns bestechen mit Hunderten von Franc, aber es ging nicht.

Die Garderobe wurde im kleinen Eingangsbereich (5 qm²) mit einem Seilzug an einem Gestell nach oben unter die hohe Decke gehängt. War sie nass, stand man halt dort wie in einer Tropfsteinhöhle.

Wie lief die Arbeit dort? Ich stelle es mir nicht besonders komfortabel vor.

In diesem Lokal haben wir für knapp 40 Leute gekocht. Und wenn die Gäste hinten im Eck auf die Toilette wollten, mussten fünf bis sechs Leute aufstehen, weil es eine lange Bank war. Ein Kellner stand zwischen den beiden Tischreihen und konnte nur hin- und hergehen in seinem Gang. Wenn das Essen kam, hat er es vom Buffet genommen, hat es hingestellt über die Köpfe der Leute hinweg. Zusammengeräumt hat er genauso. Der konnte auch nicht zur Toilette während seiner Schicht.

An der Theke standen immer zwei, drei Schauspieler und haben auf einen freien Platz gewartet. Sie haben sich zum Narren gemacht, Alain Delon, Lino

Ventura und solche Leute. Die haben da zwei Stunden gewartet, von halb elf bis eins. Wenn die ersten Gäste gingen, haben wir für die noch mal von vorne gekocht. Wir haben oft bis morgens um drei gearbeitet und sind dann nach Pigalle und in die alten Markthallen. Um sieben sind wir ins Bett und haben geschlafen bis halb zwölf. Mittags war die Bude bereits wieder voll.

Am Nachmittag um drei hat Michel Guérard die Mittagsgäste herausgeschmissen und wir haben das Mis-en-place für abends und den nächsten Mittag gemacht, bis um halb sechs. Danach fielen wir wieder todmüde für zwei Stunden ins Bett und dann ging's weiter bis drei Uhr morgens. In Paris kommt keiner zum Abendessen vor halb neun oder neun. So gings die ganze Woche, nur sonntags war geschlossen.

Was denkst du, war Guérards Erfolgsgeheimnis?

Er hat angefangen, die Dekorationen auf und um den Teller herum abzubauen nach dem Motto: die Dinge präsentieren sich selbst. Ganz wenig auf den Tisch. Er hat mit einer ganz phantastischen Frau zusammen den „Pot au Feu" gemacht. Er kam abends um halb neun, bevor die Gäste da waren, in die Küche mit seinen Fläschchen, die mit Lebensmittelfarbe gefüllt waren und hat beispielsweise bei der Farbe der Orangensauce etwas nachgeholfen. Er war ja gelernter Pâtissier und so wusste man ja, wo es herkam. Kochen konnte er nicht, jedenfalls nicht so, wie ich es damals für richtig fand - nach Bocuse, Ducloux und Lacombe. Es war genial einfach, was er gemacht hat, und es war nur konsequent, dass er diesen ganzen Luxus weggelassen hat. Er hat damit eine Riesenkarriere gemacht.

Wie hast du ihn als Mensch wahrgenommen?

Er ist schon ein genialer Typ. Jetzt ist er der Edelste, der Feinste, hat ein wunderschönes Landhaus in Eugénie les Bains und macht diese Cuisine Minceur Active. Er gibt den Leuten nichts zu essen und macht einen Haufen Geld damit, nur damit die Leute magerer werden. Eine ganz reiche Frau hat sich ihn geschnappt. Ihr Vater hat fünf Grand Hotels und verschiedene Bäderlandschaften. Sie sah aus wie eine Spanierin, war eineinhalb Kopf größer

TRÜFFELBROT

EINKAUFSLISTE (2 Personen)
1 Schwarzwurzel, 100 g Kenia-Böhnchen, 40 g geschälten, frischen und rohen Périgordtrüffel – nur von Dezember bis Januar kaufen, alles andere ist Schrott – in grosse 2 mm starke Scheiben schneiden, 2 x 25 bis 30 g dicke Gänseleberscheiben, nicht zu flächig
Vinaigrette: 1/2 Mokkalöffel Löwensenf, 1 Suppenlöffel voll trockenen Weisswein, 1 Suppenlöffel voll Öl (1/2 aus Oliven, 1/2 aus Sonnenblumenöl), wenig Salz und Pfeffer, gehackte Kerbelblätter

➤ *Die Trüffelscheiben in der Vinaigrette auf flachem Teller einlegen, auf einer Seite 2 Minuten lang marinieren.*

➤ *Die nicht zu stark gekochte Schwarzwurzel in 5 cm lange Stücke schneiden. Sie sollten nicht dicker sein als 5 bis 6 mm. In die Mitte des Tellers ungefähr 4 cm breit nebeneinander legen und mit wenig Vinaigrette napieren.*

➤ *Die feinen Böhnchen, mit etwas Biss gekocht, so zurechtschneiden, dass sie quer zu den Schwarzwurzelstücken liegen und nicht über diese hinausragen. Ebenfalls leicht mit der Vinaigrette napieren und genau darauf passend die Gänseleberscheibe schneiden, sie sollte eine Höhe von mindestens 3 cm haben. Je höher desto besser, jedoch brauchen Sie dann auch mehr Trüffelscheiben, denn das Ganze sollte über und über mit Trüffelscheiben zugedeckt sein. Obenauf kommen ein paar ganze Kerbelblättchen, sowie 3 bis 4 Tropfen der Vinaigrette. Mit gegrilltem Weissbrot servieren, nicht aber mit Toast.*

Die Keller Brüder vor dem „Schwarzen Adler" in Oberbergen, der jetzt unter der Leitung von Fritz Keller steht. Das Restaurant zeichnet sich aus durch eine schnörkellose frische Küche. Die Weinkarte zählt zu einer der umfangreichsten und qualitativ hochwertigsten in Europa mit grossen klassischen Gewächsen aus Burgund, Bordeaux sowie aus allen Weinbaugebieten Deutschlands

als Michel Guérard. In der Zeit, in der ich da war, kam sie drei, vier Wochen lang dreimal die Woche und hat ihn massiv angebaggert. Guérards Freundin hinter der Theke echauffierte sich dermassen darüber, dass sie ihn eines Tages abstechen wollte. Unten im Keller, wo die Weine waren und der Pâtissier, hatte er seinen Schreibtisch und sang die italienischen Opern mit, die er beim Geldzählen hörte. Natürlich war dies seine Lieblingsbeschäftigung. Und als er einmal da sass und sang und zählte, kam seine Freundin die Stiege herunter mit einem Messer in der Hand und ging von hinten auf ihn zu. Da er recht eitel war, hatte er vor seinem Schreibtisch einen Spiegel aufgestellt und sah in dem Moment, dass die Freundin ihn abstechen wollte. Ich war hinten im Kühlraum, direkt dahinter, und habe alles gesehen. Das war natürlich das Ende der Beziehung.

Die neue Frau hat ihn dann aus Paris weggeführt. Und seitdem leben sie wie die Landgrafen. Er ist zehn Jahre jünger als Bocuse. Er hatte zwei Sterne in einem Lokal, wo es normalerweise unmöglich ist auch nur einen zu bekommen, aber er wollte immer drei. Den Dritten hat er im „Pot au Feu" nicht gekriegt und als in dem Stadtteil eine Autobahn gebaut wurde, hat er verkauft und ist aufs Land gezogen. Jetzt hat er seine drei Sterne.

Wie sind deine Gefühle ihm gegenüber, wenn du an die Zeit zurück denkst?
Als wir bei Guérard waren, bin ich mit meinem Assistenten und einem Lehrling herumgezogen, zuerst ins Maxim, dann zu Madame Régine ins Lido de Paris und so weiter. Im Lido kannten wir den Küchenchef, schliesslich kamen wir ja von Guérard. Er hat uns dann zum Hintereingang hereingelassen, und wir haben uns backstage die Shows angeschaut. Der Küchenchef vom Lido trank gerne mal einen. Wir haben ihm gelegentlich ein paar Flaschen Rotwein mitgebracht. Er hatte uns im Gegenzug einen Plastikbeutel voll mit Poulardenflügeln mitgegeben. Poulardenflügel konnte man damals in Paris einzeln nicht genug bekommen.

Wir haben uns daraus ein tolles Gericht gemacht. Einen Salat mit hauchdünnen Gänseleberscheiben und mit den Spitzen der Flügelchen der Poularde.

Sie bestanden aus dem Fleisch des zweiten Flügelgliedes von aussen. Um es essgerecht zu bekommen, werden die Gelenke an beiden Enden vor dem Braten und Würzen sauber abgehackt. Nach dem Garen mit ein bisschen Zucker kann man dann Muskel und krossgebratene Haut einfach von den beiden Knochen ziehen – einfach köstlich!

Wir haben jetzt die Stationen deiner Wanderjahre kennengelernt. Kannst du mir sagen, bei wem du welche Erkenntnisse gewonnen hast?
Die Basis, die Klassik, wie man ehrlich und gradlinig seinen Weg geht, hab ich beim Ducloux gelernt. Bei Paul Bocuse habe ich gelernt, wie man mit Gästen umgeht. Wie man seinen eigenen Stil kreiert und das auch entsprechend verkauft vorne. Bei Lacombe habe ich gelernt, wie man wirtschaftet, wie man gleichzeitig gut kochen und ein toller Charmeur und Gastgeber sein kann. Und bei Michel Guérard habe ich gelernt, dass man das alles toppen kann, indem man nur noch die Hälfte von dem macht, was die anderen Spinner machen und trotzdem eine Riesenshow aufzieht.
Er hat zum Beispiel zu jedem Côte du Beuf-Stück gesagt, das sei von der Ferme seiner Grossmutter. Die Grossmutter gab's gar nicht und die Ferme auch nicht. Er hat so richtig auf Pariser Art und Weise die Leute verarscht. Er hat die adlige und edle Pariser Gesellschaft verarscht. Wenn er am Tisch stand und eine Geschichte erzählte, war das ganze Lokal stumm. Bei ihm habe ich gelernt, wie man aus minimalistischen Dingen unglaublich viel machen kann.

Wer war der Wichtigste für dich?
So richtig kochen gelernt habe ich bei Bocuse.
Auch klassisch, wie man so sagt.
Bocuse hat sich auf die Richtung der Nouvelle Cuisine gestürzt. Er hat aber nie Nouvelle Cuisine gemacht, er hat sich nur auf den Zug geworfen. Er hat, aus meiner Sicht, dem Michel Guérard die Show gestohlen, der als der eigentliche Erfinder der Nouvelle Cuisine gelten muss.
In Wahrheit hat Paul Bocuse schon zu meiner Zeit, als ich bei ihm war, dasselbe gekocht wie heute.

🍽 BRANDTEIG-KRAPFEN / KÄSEKRAPFEN

EINKAUFSLISTE
1 l Milch, 100 g Butter, 10 g Salz, 310 g Mehl (405er), 6 bis 8 Eier – je nach Grösse, 240 g Hartkäse

↘ *Milch, Butter und Salz in einer Casserole zum Kochen bringen. Vom Feuer nehmen und das gesiebte Mehl einrühren, mischen und auf offenem Feuer abrühren, bis sich die Masse vom Boden und der Wand löst. Dann die Eier einarbeiten.*

↘ *Dem Brandteig werden auf ca. 1 kg Teigmasse noch mal um die 120 g geriebener Käse und noch mal soviel in kleine Würfel geschnittener dazu gegeben. Versuchen Sie unbedingt einen Biohartkäse mit langer Reifung nicht unter 4 Monaten zu bekommen. Andere Käse sind säuerlicher und oft sogar im Geruch im warmen und verbackenen Zustand unangenehm (Silagefütterung usw.!). Je nach Belieben grosse Windbeutel auf ein gebuttertes Backblech spritzen, mit Eigelb bestreichen und im Ofen beim Backen schön aufgehen lassen.*

↘ *Ein herrliches Apérogebäck zu Champagner, Sekt oder trockenen Weissweinen. Wenn Sie keine Lust haben ein grösseres Menu zu kochen, ist das der richtige Auftakt*

PHILOSOPHIE 1

DER KOCH ALS UNTER-NEHMER – GLANZ UND GRAUEN DER STERNE

Sterneköche stehen immer mehr unter Druck. Sie sind nicht nur abhängig von Produkten, Zulieferern und der Gunst ihrer Gäste, sondern auch von anonymen Restaurant-Kritikern. Der Verlust eines „Sterns" kann tödlich enden. Franz Keller geht heute seinen eigenen Weg

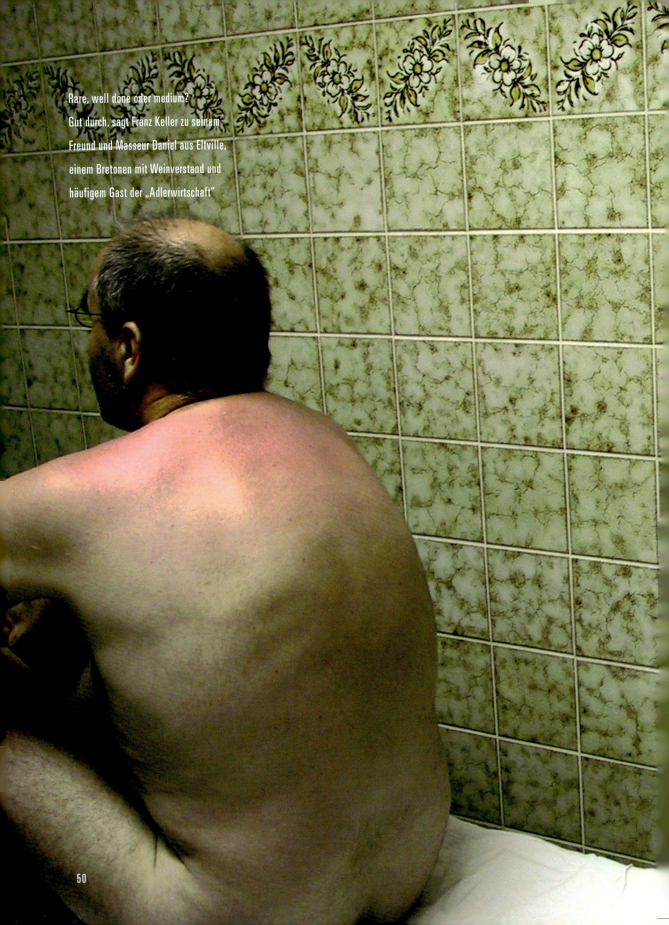

Rare, well done oder medium? Gut durch, sagt Franz Keller zu seinem Freund und Masseur Daniel aus Eltville, einem Bretonen mit Weinverstand und häufigem Gast der „Adlerwirtschaft"

Ein Meisterkoch ist immer im Dienst. Sogar dann, wenn er sich mittags bei der italienischen Konkurrenz im Nachbarort eine „schnelle Nudel" gönnt – und nebenbei am Handy dafür sorgen muss, dass aus dem Rehrücken auf der Abendkarte ein Wildhase wird

Seltene Momente der Ruhe und des Nachdenkens bei einem brüderlichen Gedankenaustausch. Franz und Fritz Keller sind oft verschiedener Meinung, aber niemals über Essen und Wein. Der jüngere Bruder Fritz, Vizepräsident der Sommelierunion, zählt mit seinen gradlinigen Kaiserstühler Weinen zu den besten Winzern Deutschlands

Ausflug in die Vergangenheit: Mit Familie und Freunden besucht Franz Keller die Aachener Strasse in Köln, wo er in den achtziger Jahren sein Zwei-Sterne-Restaurant und die legendäre „Tomate" geführt hat

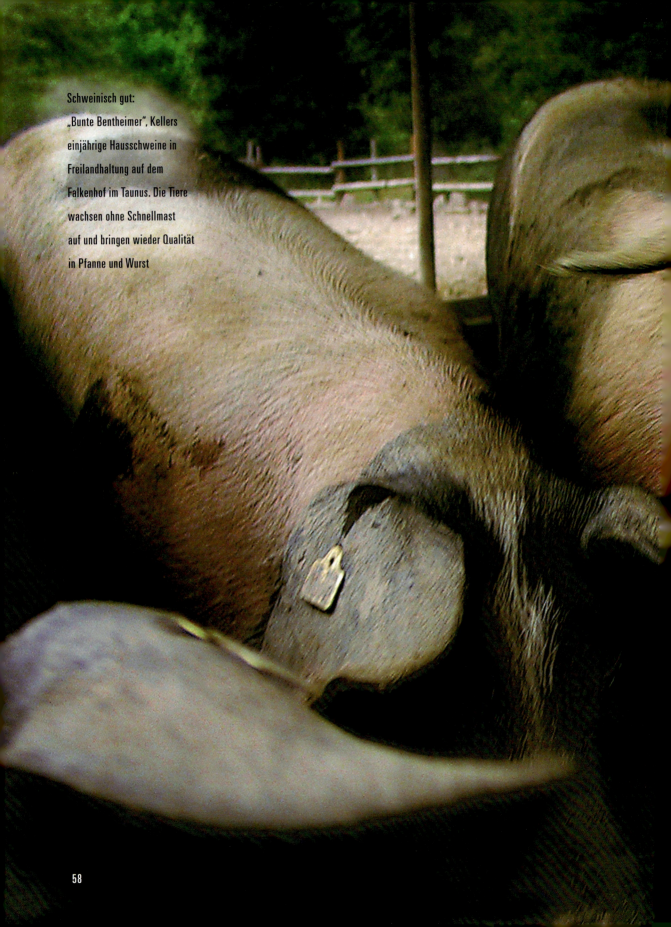

Schweinisch gut: „Bunte Bentheimer", Kellers einjährige Hausschweine in Freilandhaltung auf dem Falkenhof im Taunus. Die Tiere wachsen ohne Schnellmast auf und bringen wieder Qualität in Pfanne und Wurst

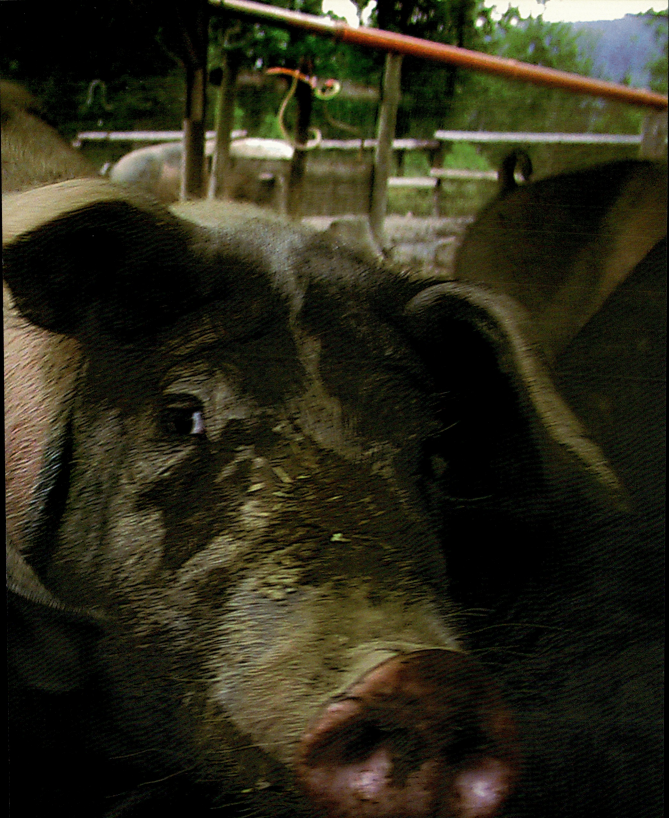

PHILOSOPHIE EINS

Tierisch cool. Trockene Lektüre am Morgen, feuchtes Vergnügen am Nachmittag - beides am geliebten Wohnort Hattenheim, Heimat gelebter Lebenskunst

Woher kommt es Franz, dass sich eine bestimmte Art der Gastronomie nicht mehr lohnt? Wenn man jetzt einmal eine Aufstellung macht, wo die Kosten herkommen, was käme da heraus?

In der heutigen Spitzengastronomie werden die Preise vom Management bestimmt. Die Franzosen sind vom Management her knallhart in der Preiskalkulation für ein Menu. Und die verlangen auch den Preis, den sie haben müssen. Allerdings mit der Konsequenz, dass sie meistens wenig Gäste haben. Im Grunde genommen passt das, was wir machen, gar nicht mehr in diese Welt. Es ist zu aufwendig.

Reden wir jetzt über Sterneküche?

Ich würde nicht einmal soweit gehen. Ich rede über gutes Kochen.
Selbst wir haben uns reduziert, wir haben eine kleine Karte, wir verarbeiten „normale" Produkte, die wir aber super edel kriegen, wie man sie so nicht mehr auf dem Markt bekommt.
Wir haben in der „Adlerwirtschaft" noch einigermassen zivile Preise, weil ich nicht in diese Luxuskategorie hinein möchte.

Warum willst du nicht mehr in dieser Kategorie sein?

Weil ich Angst davor habe. Weil es dann langweilig wird im Lokal. Dann hast du nur noch diese Geleckten herumsitzen, die sowieso meistens keine Ahnung vom Essen haben, die aber eben in diese Läden gehen, damit sie nachher in ihrem Golfclub erzählen können, sie waren da und da und kennen alles.
Um nochmal die Fakten aufzuzählen: wir brauchen zuviel Personal, um gut zu kochen, wir brauchen zu teure Produkte und wir müssen den Platz, wo dieselben genossen werden, finanzieren können. Das Lokal muss ausser-gewöhnlich sein, ob es jetzt auf dem Lande oder in der Stadt ist. In der Stadt muss es repräsentativ aussehen, es müssen elegante Räume sein, ein bemerkenswertes Gebäude.
Wenn es auf dem Land ist, muss es ein altes Château oder was weiss ich sein. Also musst du bei allem ins Volle gehen. Es ist verrückt, aber es passt nicht

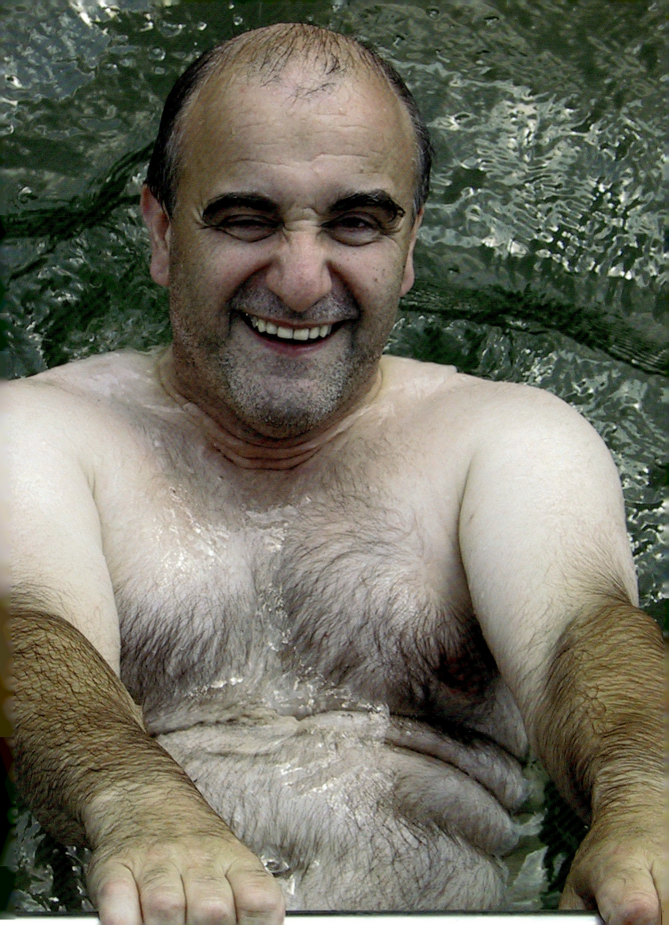

PHILOSOPHIE EINS

Ein prüfender Blick, bevor die Gäste kommen. Auch wenn Franz Keller sich zum Prinzip des Einfachen bekennt und bodenständige Küche pflegt, verlangt er für seine Gäste Hingabe - vom Service und von sich selbst

mehr in die Welt. Zum einen ist die Arbeitskraft zu teuer bei uns. Zum anderen gibt es die originären Produkte fast nicht mehr, selbst wenn es Karotten sind. Wenn wir die richtigen kaufen, sind sie dreimal so teuer wie die, die du überall kaufen kannst. Dann spielt sich die Esskultur im Allgemeinen auf so einem niedrigen Niveau ab, zu so einem niedrigen Preis, dass, wenn du richtig kochst, die Leute sagen: der spinnt.

Die grosse Küche wird heute nur noch als Vehikel benutzt, um Gäste anzuziehen. Selbst Escoffier konnte nicht selbständig sein, ohne am Tropf eines grossen Hotels zu hängen. Er war so ein extremer Hund, der kriegte, was er wollte. Sie haben den Hoteldirektor entlassen, wenn er gesagt hat, dass ihm der Direktor nicht passt. Aber die haben das Geld damals auch über die Zimmer und die Luxusleute verdient. Dann kam Bocuse und sagte, die Köche müssen selbständig sein, weil ihnen dann keiner diktieren kann, was sie zu kochen und wie sie zu kochen haben. Aber im Grunde genommen ist das Projekt, dass Köche ihr eigener Chef und selbständig sein können, fehlgeschlagen.

Wie sieht die Alternative aus, wenn es überhaupt eine gibt?
Wenn du wieder von ganz unten anfängst. Um mir das anzuschauen, war ich bei meinem Kumpel in den Vogesen. Der hatte bei mir gearbeitet, damals in Oberbergen noch, der Philip. Philip Audulle. So ein gemütlicher Bär. Der hat immer ein bisschen geschwitzt, weil er zu schnell arbeiten musste bei mir. Er hat einfach gesagt, ich will anständig leben und Sterne und so weiter bedeuten mir nichts. Er hat eine Dorfkneipe von seinem Vater geerbt. In dieser Dorfkneipe macht er dieses Plat du Jour-Prinzip.
Der arbeitet alleine, die Küche ist grade so gross, dass er sich drehen kann, ohne zu laufen. Hier kann er spülen, hier macht er den Salat, hier brät er das Steak. Er macht eine ganz einfache Küche, aber er ist einer von denen, die in einem anständigen Betrieb gearbeitet haben, er weiss, wie es geht. Die meisten Leute, die in einfachen Betrieben arbeiten, können ja nicht mehr kochen.

Kann man das mal in Zahlen sagen? Du musst ja als Selbständiger immer kalkulieren. Wie ist denn in deinem Restaurant der Anteil am Umsatz und an Personal? Kann man das als Koch qualifizieren?

Kann man natürlich. Wir haben alle unsere Bilanzen. Ich weiss, dass in solchen Läden die Personalkosten ganz oft an die 50 Prozent Grenze gehen. Wenn der Wareneinsatz zwischen 35 und 40 liegt, dann ist er auch noch gut. Die müssen alle mischen. Wenn der Getränkeumsatzanteil immer kleiner und der Küchenumsatzanteil immer grösser wird, dann gehen alle roten Lampen an. Dann weisst du ganz genau, dass du jetzt nichts mehr verdienst. Im „Franz-Kellers-Restaurant" in Köln habe ich damals schon 120 000 Mark Umsatz im Monat gemacht – kannst du dir das vorstellen? Und es hat trotzdem nicht gereicht, weil wir natürlich eine dreiviertel Million von der Bank geliehen hatten und auch noch neuneinhalb tausend Mark Pacht bezahlen mussten. Der Laden lief wie verrückt, aber es ist nichts hängen geblieben. Weil uns die Kosten für Pacht, Zins, Personal, Waren und so weiter aufzehrten, während ich Tag und Nacht wie ein Wahnsinniger arbeitete.

Der Andrang lässt sich ja ein wenig nachvollziehen, denn es gab ja auch gleich einen Stern, als du dort anfingst.

Kein Restaurateur hat soviel Sterne bekommen wie ich. Den ersten Stern für den „Schwarzen Adler" in Oberbergen hat ja meine Mutter bekommen. Den haben damals noch die Franzosen organisiert. Und weisst du, wie sie den bekommen hat? Das war eine witzige Geschichte. Die Franzosen haben gesagt, wenn wir jetzt unsere Leute als Gäste bringen, können wir ja nicht „irgendwo" hingehen. Schau mal, es gab zwar schon den Michelin, aber dort geführt wurde nur der „Erbprinz" in Ettlingen.

Die Franzosen kamen also und sagten, wir machen die Leute vom Michelin in Paris scharf, dass die in Deutschland was aufmischen. Ich bin nicht sicher, ob es damals schon einen Stern für das deutsche Grenzgebiet gab. Jedenfalls haben die uns nach Frankreich mitgenommen, und dann haben die Haeberlins meiner Mutter gezeigt, wie man ein Lamm Navarin macht. Und Madame Maier in Munsenheim hat uns gelehrt, wie man Schnecken macht. Wir haben

🍽 GRAUPEN-SUPPE

EINKAUFSLISTE

Fond: 500 g Lammknochen, 2 Möhren, 1 Sellerieknolle, 1 Stange Lauch, 1 Sträusschen Thymian, 2 Knoblauchzehen, 6 bis 8 weisse Pfefferkörner, Salz kaltes Wasser

Einlage: 150 g Graupen, 3 Kartoffeln, 2 Möhren, 1 Sellerieknolle, 1 Stange Lauch 1 Weisskohl, 40 g Butter, 250 bis 300 g Lammfleisch (Schulter oder Hals)

↘ *Lammknochen abspülen, Möhren, Sellerie, Lauch putzen und waschen und grob zerteilen. Mit Thymian, den geschälten Knoblauchzehen, Pfefferkörnern und Salz zu den Knochen geben und mit kaltem Wasser (etwa 1 l) bedeckt ca. 1 Stunde sieden lassen. Indessen die Graupen in kaltem Wasser einweichen, Kartoffeln, Sellerie und Möhren schälen und fein würfeln. Lauch putzen und in feine Ringe schneiden, den geputzten Kohl hobeln. Alles in der heissen Butter anschwitzen, den durchgesiebten Fond zugiessen und etwa 30 Minuten kochen lassen.*

↘ *Das Fleisch würfeln und mit den eingeweichten Graupen in den Topf mischen. Aufkochen, abschmecken und servieren. Einmal aufwärmen schadet zwar der Farbe – schmecken tut's eher noch viel besser!*

Vertraute Fremde. Franz Keller und Franz Keller - Junior und Senior - waren und sind beide auf ihre Weise Umstürzler in der gastronomischen Landschaft. Wie immer gibt es zwischen kreativen Querköpfen Streit über die richtige Linie, und niemals würde der Vater ein Huhn im Salzmantel so zubereiten wie der Sohn

dann die Elsässer Schnecken „Badische Schnecken" genannt. Die gab es bei uns in den Weinbergen auch zuhauf. Wir haben sie gesammelt und geputzt, was ja eine schlimme Arbeit ist. Als Menu gab es vorweg Badische Leberknödel Suppe, dann Weinbergschnecken, danach das Lamm Navarin und als Dessert Kaiserstühler Sauerkirschen in Kirschwasser flambiert, mit Vanilleeis. Das Vanilleeis war von Langnese. Weil kein Mensch wusste, dass man ein Eis selber machen kann. Ich wusste gar nicht, wie so eine Maschine aussieht. An sich gab es in den Lokalen nur Sauerkraut und solche Sachen. Aber die Franzosen haben uns dann suggeriert, ein Menu zu machen. Und das Menu wurde dann getestet. Es hat zwölf Mark achtzig gekostet, das weiss ich noch heute.

Ich glaube, ich war neunzehn Jahre alt, als der „Schwarze Adler" einen Stern dafür bekommen hat.

Ein halbes Jahr nachdem ich dann dort als Koch anfing zu arbeiten, haben wir den zweiten Michelinstern bekommen.

Nach Köln ins neueröffnete „Franz Kellers Restaurant" weitergezogen, habe ich sofort einen bekommen und ein Jahr darauf den zweiten. Als ich später von Max Grundig auf die „Bühler Höhe" in Baden-Baden berufen wurde, bekam ich für das „Imperial" gleich wieder einen Stern. Und 1999 dann im „Kronenschlösschen" in Hattenheim den letzten.

Ein Teil deiner Geschichte ist ja wohl, dass du nicht einfach sagen kannst, ich interessiere mich nicht für Sterne. Da kann man doch als junger Koch einer solchen Auszeichnung nicht widerstehen.

Als ich von der „Bühler Höhe" weggegangen bin, kam jemand vom Michelin im „Kronenschlösschen" vorbei und sagte: Herr Keller, eins muss ich Ihnen mal sagen: Sie müssen uns bitte vorher informieren, wenn Sie weggehen wollen. Sie wechseln so schnell, das ist für uns nicht gut und das ist auch für Sie nicht gut. Weil man ein Lokal nicht einfach wie die Hemden wechseln kann. Wir müssen wissen, dass Sie noch dort sind, wenn wir Ihnen einen Stern geben und das veröffentlichen.

PHILOSOPHIE EINS

Wie lernt man Wein?
Nicht aus Büchern, sagt Franz Keller. Wein sollte man schmecken, riechen und trinken. Man muss Vieles probieren und sich ständig weiter entwickeln, bis man Freude am Genuss gefunden hat

Das war schon eine Drohung, irgendwie, aber er hat es nett gesagt. Und bevor ich vom „Kronenschlösschen" weggegangen bin, habe ich mitgeteilt, dass ich mich selbständig mache. Als ich die Adlerwirtschaft aufmachte, habe ich einen Fünfzeiler geschrieben und gesagt, ich habe jetzt etwas ganz anderes vor. Ich möchte mir diesen Stress nicht mehr antun. Ich möchte gut kochen, aber ich möchte nicht mehr in diese Kategorie reingehören mit dem Stern, weil ich ein anderes Konzept habe. Ich habe ihnen gesagt, sie sollen jetzt erst mal abwarten und es würde mir völlig reichen, wenn die Adlerwirtschaft nur erwähnt wird. Ohne irgendwelche Wertungen. Und dann haben sie mir eine Gabel gegeben oder irgend so etwas. Um den Gault Millaut habe ich mich nie gekümmert. War mir wurscht, ob ich da drin bin – wie auch immer.

Ich frage mich, was heute anders ist als damals, als du noch den Ehrgeiz hattest zu sagen, wenn ich irgendwo hingehe, will ich auch den Stern...
...es ist ganz einfach so, ich hatte in meinen Restaurants immer einen oder zwei Sterne, egal wo ich hinging...

...ich frage das jetzt mal anders. Du kochst doch jetzt nicht schlecht oder schlechter als damals. Das kann ich mir bei dir nicht vorstellen.
Seit ich hier in der Adlerwirtschaft bin, koche ich im Grunde genommen noch genauso. Aber wir machen vom Aufwand her nicht mehr den Zirkus im Restaurant wie früher. Das heisst, ich halte nicht sechs oder sieben Köche vor, um es am Abend jedem Recht machen zu können, indem wir à la carte kochen, indem wir immer noch Sachen haben, die nicht auf der Karte stehen. Früher hiess es: Herr Keller, haben Sie noch etwas ausserhalb der Karte, was sollen wir jetzt essen? Das waren die Spezialisten. Und die waren hier völlig schockiert, als ich sagte, wir machen hier jeden Tag die Karte neu. Alles ist auf der Karte, und wir haben nichts mehr aus der Hand. Früher konnten meine Kellner die Karte gar nicht schnell genug schreiben. Und die Kochbrigade konnte die Rezepte gar nicht schnell genug begreifen, weil du ständig

etwas Neues, etwas Anderes gemacht hast. Das war überhaupt nicht mehr kalkulierbar. Dann kommt der Oberkellner zu dir und fragt, was verlangen wir jetzt für das Menu. Du wägst ab und sagst aus dem Bauch heraus: achtundsechzig. Aber das ist weder kalkuliert noch sonst irgendwas. Dafür hast du gar keine Zeit gehabt. Es ging einfach nur um den Kampf, an jedem Tisch das Beste zu bieten, um es einmal übertrieben zu sagen.

Dann habe ich beschlossen, das nicht mehr zu machen. Wir kochen jetzt gut, wir kochen anständig mit den besten Produkten, aber wir machen keinen Zirkus mehr. Wir haben auch keine Tischdecken, klotzen nicht mit Kaviar und Trüffel. Den esse ich selbst mal mit Freunden, er ist nicht mehr zu kalkulieren.

Wird in Frankreich mehr Wert auf Sterne gelegt als bei uns?
Wir waren ja zusammen in einem Ein-Stern-Lokal, in einem Zwei-Sterne-Lokal und auch in einem mit drei Sternen. Wenn du jetzt die Preise der ersten beiden Kategorien siehst, behaupte ich, dass sich nur noch die „Oberen 10 000" das leisten können. Und das wahrscheinlich auch nur noch zwei bis drei Mal im Jahr. Wie man davon allein in Frankreich fünfzehn Drei-Sterne-Läden füllen soll, weiss ich nicht.

Das ist doch sicher auch eine Standortfrage, oder?
Es gibt welche, die laufen ganz gut, weil sie an strategisch guten Plätzen sind. Wenn sie an der Côte d'Azur sind, dann haben sie im Sommer Hochbetrieb. Es gibt manche, die laufen sehr gut, weil sie in einer Stadt sind wie Paris oder Lyon. Aber auch in Frankreich ist seit einiger Zeit die Luft spürbar dünner geworden. Es gibt inzwischen eine Reihe Drei-Sterne-Restaurants, die kaputt gegangen sind und es gibt welche, die noch kaputt gehen werden. Weil es einfach nicht mehr funktioniert mit den hohen Preisen, auch nicht mit Sponsoren hintendran.

Ich sage nicht, dass diese Läden zu teuer sind, aber die Preise sind dermassen hoch, dass sie einfach nicht mehr in diese Welt passen. Wenn ein Essen für zwei Personen soviel kostet wie ein kleines Appartement im Monat, dann stimmt die Relation nicht mehr. Das liegt nicht an den Köchen. Sondern das liegt an

🍽 HERBSTLICHE PILZSUPPE UNTERM BLÄTTERTEIG

EINKAUFSLISTE

250 g Blätterteig, 400 g frische, geputzte Pilze (möglichst Pfifferlinge, Steinpilze und Wiesenchampignons gemischt),
200 g gehackte Schalotten,
200 g Crème fraîche, 6 dl Sahne,
1 dl trockenen Weisswein mit Säure,
1 dl helle Fleischbrühe, 1 Sträusschen Petersilie, 1 Zehe Knoblauch
50 g Butter, Salz, Pfeffer und etwas Zitronensaft

↘ *Die Pilze vorsichtig waschen und dann in Scheibchen schneiden. In der Schwenkpfanne die Schalotten mit der Butter glasig werden lassen, die Pilze zugeben. Mit geschlossenem Deckel andämpfen lassen. Haben die Pilze Wasser gezogen, wird der Wein, die Crème fraîche, Sahne und Fleischbrühe zugegeben. Aufkochen, würzen, fein gequetschter Knoblauch zugeben und paar Tropfen Zitronensaft. Abschmecken, erkalten lassen, in die Suppentasse geben. Darauf achten, dass zwischen dem Rand und der Suppe min. 3 cm Platz und Luft bleibt bis zum Blätterteig.*

↘ *Den Blätterteig 5 mm stark ausrollen, 2 bis 3 cm größer als die Suppentasse ausstechen. Rand der Tasse mit Eigelb bestreichen, den Teigdeckel darüber leicht straff ziehen und mit Wasser verdünntem Eigelb bestreichen. Die Tasse im Ofen bei 200° (Unter- und Oberhitze) backen. Der Teig wölbt sich dann nach oben und sollte leicht bräunen. Ist der Teig fest und ausgebacken (ca. 10 bis 15 Minuten) die Suppe sofort servieren.*

Brigitte-Marie ist seit 1996 die Ehefrau von Franz Keller und der gute Geist der „Adlerwirtschaft". Sie führt die Bücher, kümmert sich um Hund und Service und trägt es mit Humor, dass sie von ihrem kochenden Mann die meiste Zeit nur die kalte Schulter sieht

dem überzogenen Luxus, von dem man meint, dass er dazugehört, wenn man gut essen gehen will. Und der Meinung bin ich eben nicht.

Wir haben jetzt drei Aspekte: das Lokal, das Ambiente und wir haben die Handarbeit und die teuren Produkte.
Genau. Einige Dinge davon kann man auch weglassen. Nicht immer – ich habe nichts dagegen, in einem wunderbaren Ambiente, mit edelstem Besteck, mit teurem Porzellan und mit den besten mundgeblasenen Kristallgläsern zu sitzen. Das ist alles ganz toll und hat aber natürlich auch alles seinen Sinn – einen kaum mehr bezahlbaren Preis. Ich kann mit dir eine Probe machen, wo wir einen wunderschönen Wein aus einem billigen Pressglas trinken, und wir trinken denselben Wein aus einem Bleikristallglas mit einer hohen Dichte, mit einer grossen Schale, dann wirst du sehen, was das für ein Unterschied ist. Das hat schon alles seine Berechtigung. Nur die Summe des Ganzen ist heute nicht mehr bezahlbar.

So ein grosses Diner würde ich mir gönnen bei einem tollen Fest, bei einem runden Geburtstag oder einer Hochzeit, bei einer Gelegenheit, die nicht alltäglich ist. Ich finde, ein Restaurant soll auch zum Alltag passen: ich kann da gut essen, ich möchte kein Imbiss haben, ich brauche aber auch nicht zwei Sterne dazu. Ich möchte einfach ein gutes Produkt essen. Da muss auch etwas los sein, da müssen interessante Leute sein, da muss Leben sein. Wenn die grosse Gastronomie eine Zukunft erleben will, muss sie für den Alltag einen Kompromiss finden. Sicherlich ist es trotzdem für die meisten Leute noch zu teuer. Gutes Essen ist und bleibt für mich aber etwas Alltägliches.

Ich frage mich, was es wohl für dich bedeutet, dass du jetzt keine Sterne mehr hast. Du hattest in deiner Pariser Zeit Kontakt mit deinem Kollegen Loiseau, der sich umbrachte, weil er Angst hatte einen Stern zu verlieren. Kam dessen Schaffenswut, die ihm zum Verhängnis wurde, damals schon durch?
Wenn wir trinken gingen und zu Huren oder was weiss ich, war der immer nur am Anfang dabei. Dann hat er einen Kaffee getrunken und ist heim-

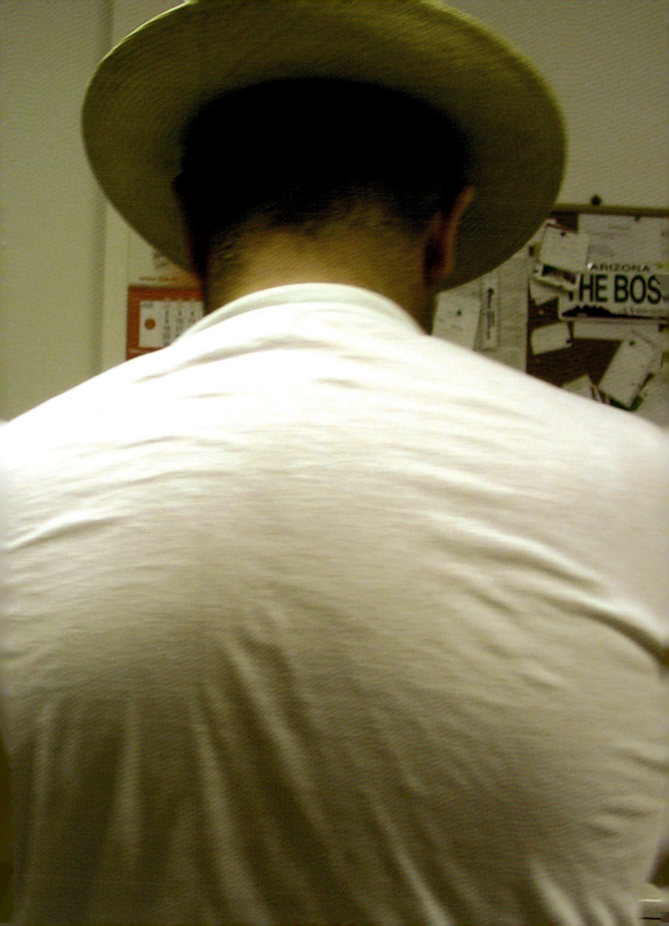

PHILOSOPHIE EINS

Schwarz, stark, kurz. Kaffeepause am Nachmittag - vorzugsweise verbracht an einem alten Barrique-Fass im Adler Garten

gefahren. Er musste am nächsten Morgen wieder arbeiten, wie wir auch, aber uns anderen war das egal. Er lebte für die Vision, es bis zum Drei-Sterne-Koch zu schaffen. Er wollte unter die Besten kommen, obwohl er nicht einmal in besonders guten Läden gearbeitet hat. „Barrière de Clichi" war ein Ein-Stern-Lokal. Einmal jobbte er bei Roger Verger. Verger war von ihm so begeistert, dass er für ihn sogar unterschrieben hat bei der Bank. Der hat ihm eine Bürgschaft gegeben, dass er sein Lokal kaufen konnte. Du musst schon sehr gut sein, wenn dein ehemaliger Chef für dich unterschreibt.

Die Kollegen, Bocuse und viele andere liebten ihn, weil er aus dem Nichts heraus so weit gekommen war. Er war ein absolut sympathischer Mensch. Als es ihm dann ganz schlecht ging, kam ein Finanzier aus Paris, ein Stammgast von ihm, und sagte: komm, wir machen aus dem Restaurant eine Aktiengesellschaft. Das war 1998. Danach hatte er auf einmal Geld ohne Ende. Er hatte Berater, die ihm halfen, aus seinem Laden eine riesengrosse Firma zu machen. Dann warf man ihm vor, er würde sich verzetteln und sei nicht mehr präsent in seinem Laden.

Wolfram Siebeck schrieb einmal, Bernard Loiseau sei der erste in Frankreich gewesen, der für seine Menus richtig unverschämte Preise genommen habe. Der Gast sei schon damals nicht unter tausend Francs aus seinem Laden herausgekommen.

Ich bin mir sicher, dass der Loiseau bei seinen Preisen trotzdem weniger verdient hat als beispielsweise McDonalds mit seinen günstigen Menus – im Verhältnis gesehen.

Was war das Geheimnis seines Erfolgs?

Loiseau hatte konsequent ganz anders gekocht als wir. Leichter. Wir alle dachten damals, wir machen die echte Nouvelle Cuisine, aber er hat es noch weiter umgesetzt. Er hat seine Saucen für Froschschenkel zum Beispiel nicht mehr mit Sahne gebunden, sondern mit Püree aus Petersilienwurzeln.

Mir ging es allerdings auf die Nerven, dass man bei ihm fünf Gänge essen konnte und immer noch nicht satt war. Das ist wie beim Sex, der nicht zum Ende kommt. Zum Genuss gehört doch auch, dass du satt wirst. Du musst nach fünf, sechs Gängen das Gefühl haben: das war toll. Bei ihm sagtest du: das ist schön, das schmeckt wunderbar, alles ist harmonisch. Aber ich bin noch nicht zufrieden, weil ich eben nicht satt geworden bin. Und zwölf Gänge wären mir zu langwierig und zu anstrengend.

Er hat so eine Gänseleber gemacht, wo du ganz wenig Gänseleber bekommst, weil sie mit Karottenpüree abgebunden ist. Das sieht von der Farbe her ganz wunderbar aus, aber mir war das zu modern. Das Manische hat er nie abgelegt. Er sprach von nichts anderem als dem Kochen. Er hat sich dann mit einem Jagdgewehr erschossen – wie Hemmingway, der hatte aber vorher bestimmt besser gelebt.

Was hast du gedacht, als du das mit Loiseau erfahren hast?
Ich hatte mit dem Claude telefoniert. Das war der ehemalige Oberkellner von Ducloux. Er ist jetzt im Burgund und kennt die ganze Szene. Der sollte mir eine Stelle für meinen Sohn besorgen. Und er erzählte es mir.
Ich war völlig fertig. Ich wusste nicht, dass er so enden würde. Aber ich habe es mir vorgestellt. In solchen Situationen war ich auch schon, aber ich wäre nie auf die Idee gekommen, mir das Leben zu nehmen. Ich wäre einfach weggegangen und hätte meinetwegen als Schiffskoch angeheuert. Und sobald es mir irgendwo in Brasilien gefallen hätte, wäre ich dort geblieben.

Hast du in deiner Sterne-Phase die Kollegen in deiner Liga als Bedrohung empfunden? Oder gab es auch Verbindendes untereinander?
Sowohl als auch. Du hast ja alles auf diese Trophäe ausgerichtet. Die damit ausgezeichneten Köche haben sich ja immer dann getroffen, wenn einer eine Fete gemacht hat. Da gab's so einen Typ in München, der sagte, Herr Keller, Sie kommen doch, weil der Eckhard Witzigmann auch kommt und so weiter. Irgendwann haben wir angefangen, uns anzurufen und abzustimmen, weil der Typ gerne sagte, dass der Eckhard kommt, aber der wusste von nichts.

 **KÜRBIS-SUPPE**

EINKAUFSLISTE
1 mittelgrosser Speisekürbis (oder auch 1 Hokaido-Kürbis) – höchstens 25 cm Durchmesser,
1/4 l Fleischbrühe,
Salz, Muskat,
1 Bund frischer Kerbel

Den Speisekürbis in 4 Stücke spalten und entkernen. Die Kerne zur Seite legen und trocknen. Sie sind geröstet äusserst schmackhaft.

Der entkernte Kürbis wird dann mit einem Löffel ausgehöhlt. Die etwa 3 mal 3 cm grossen Stücke in wenig Fleischbrühe legen und langsam im geschlossenen Topf garen lassen. Danach das Ganze durchpassieren oder mit dem Zauberstab pürieren und mit Sahne, Salz, Muskat und frischem gehacktem Kerbel abschmecken. Aufkochen und servieren.

PHILOSOPHIE EINS

Melonen und andere Hüte: seine Früchte kauft Keller am Liebsten direkt vom Erzeuger, seine Hüte grundsätzlich bei Eifler in Köln. Sie sind immer handgefertigt und werden nur zum Schlafen abgelegt

Gibt es bei Köchen so was wie ein Gemeinschaftsgefühl?
Zu meiner Zeit ja, als ich in der Spitzengastronomie war. Jetzt nicht mehr. Du brauchst heute als Sternekoch einen Public-Relations-Berater, der dich in die entsprechenden Magazine bringt. Das ist Karriereplanung, wenn man so will.

Wie sehen deine Beziehungen zu Kollegen aus?
Kontakt habe ich heute wieder mit Eckhard. Wir hatten uns acht Jahre nicht gesehen. Gelegentlich treffe ich den Johann Lafer, Alfons Schubeck und den Anival Strubinger in Oberbergen. Das war's. Schau, ich bin ausgestiegen und viele Kollegen nahmen mir das übel. Aus ihrer Sicht war das überheblich von mir. Und dass ich meinen Anspruch auf Wahrhaftigkeit in Interviews und so weiter verbreitet habe – das hat denen nicht geschmeckt. Schubeck hat zum Höhepunkt der BSE-Krise Riesenplakate mit der CMA über deutsches Rindfleisch gemacht. Das war ziemlich unter der Gürtellinie.

Ich stelle mir vor, dass man jeden Tag mit einer wahnsinnigen Konzentration arbeiten muss, wenn man zwei Sterne hat. Weil dir die Stammkunden wegbrechen, wenn sie ihn dir wegnehmen.
Genau, es ist unmenschlich. Du hast immer im Hinterkopf, was wohl passiert, wenn etwas schief geht. Oder jemand reklamiert, was früher eine Katastrophe war. Ob der ein Ignorant oder ein Spezialist ist, das merkst du daran, wie er reklamiert. Ob er Recht hat oder ob er dir nur eins reindrehen will, weiss man ja gleich. Das war ja unter Kollegen, die eifersüchtig oder bösartig waren, so ein Sport. Beim Bocuse gab's zum Beispiel das Prinzip: keine Emotionen, keine Reaktionen, wenn einer reklamiert, bekommt er es umsonst, wir kochen wieder alles von vorn, der Gast hat immer recht. Er kam damit ja auch recht weit.

Siebeck schrieb in der „Zeit", und das sagen alle aus der Szene, dass diese ganzen Bewertungen und Kritiken die Köche auch gross gemacht haben.
Ich kritisiere ja auch hauptsächlich nur eine einzige Institution, und das ist der Gault Millaut. Es kann nicht sein, dass man über die Frau eines Kochs herzieht,

PHILOSOPHIE EINS

Weingeniesser unter sich: Anregende Gespräche mit Freund Daniel bei der einen oder anderen guten Flasche aus besten Lagen. Nicht umsonst ist die Rebe eine der ältesten Kulturpflanzen der Welt

weil sie angeblich zu kurze Röcke trägt und es ihr besser zu Gesicht stünde, wenn die Röcke länger wären. Die haben einen journalistischen Stil drauf, der meines Erachtens oft an der Sache vorbeigeht. Schon damals, als ich noch in Frankreich war, hatten die diesen Stil kreiert: himmelhoch jauchzend und irgendeiner muss geschlachtet werden. Das ist die Mache, das, was mir missfällt.

Dass natürlich jemand, der hinaufsteigt, wieder herunterfällt, dass der Berg oben ganz spitz ist, dass es schwieriger ist, hochzukommen und viel leichter wieder heruntergeht – alles normal.

Nur das *wie* ist das Problem. Und dass wir so bescheuert sind und darauf voll investieren, ohne darüber nachzudenken, dass es in zwei Jahren wieder vorbei sein kann. Nur weil es jemanden gibt, der sich besser verkaufen kann, genialer ist oder denen besser und tiefer in den Hintern kriecht.

Ich möchte noch mal den Koch als Geschäftsmann thematisieren. Thema: stille Reserven im Weinkeller. Wie sieht das bei dir hier und bei deiner Familie im „Schwarzen Adler" aus?

Bei meinem Bruder und bei meinem Vater in Oberbergen war 2003 für 320 000 Euro Wein im Keller des Restaurants. Aber das ist definitiv eine andere Geschichte, weil die auch liefern und den Grosshandel haben.

Wir haben hier in der „Adlerwirtschaft" um die fünfzigtausend Euro an Weinen im Keller liegen. Das ist der Einkaufspreis. Irgendeine Rendite kannst du vergessen. Die Weine, die jedes Jahr im Preis steigen, sind so minimal vertreten, dass du das gar nicht rechnen kannst. Im Grunde liegt in den Kellern der Gastronomen totes Kapital. Selbst die renommiertesten Hotels haben heute gar keinen Platz mehr für einen Weinkeller.

Was bei mir dazukommt, ist, dass ich die Weine kaufe, sie hinlege und mit meinem Etikett versehe. Ich rufe zusätzlich noch bei den Winzern und Weinhändlern für vierzig- bis sechzigtausend Euro im Jahr Weine ab.

Die älteren teuren Weine kaufe ich nicht mehr nach. Weil das nicht mehr ins Konzept passt. Dann muss ich Preise nehmen, die ich nicht mehr realisieren kann und auch nicht mehr realisieren will, weil ich dann wieder in die Luxuskategorie komme.

War die Gründung der „Adlerwirtschaft" und der für dich damit verbundene Abschied von der Sterneküche ein Befreiungsschlag?
Natürlich. Der Loiseau hat doch jahrelang keinen Ruhetag gehabt, keinen Urlaub, nichts. Da muss man manisch sein, um das zu machen.
Ich hatte nach meinem vierzigsten Geburtstag im „Kronenschlösschen" so ein Erlebnis. Da war doch dieser Riesenorkan, als grosse Bäume entwurzelt wurden und es in Niedersachsen ganze Wälder umgehauen hat. Im Januar 1990. Ich lag alleine im Bett nachts und hatte auf ein Mal eine Heidenangst, dass der Riesenbaum, der neben dem Hotelrestaurant steht, auf mich fällt. Nach fünf Stunden Wachliegen in diesem Bett, in diesem Haus, unter dem Riesenbaum, stand für mich fest: jetzt ist Schluss. So machst du nicht weiter, sonst endest du mit einem Herzinfarkt.

Was war die Konsequenz dieser nächtlichen Vision?
Ich musste mir etwas anderes überlegen, einen anderen Weg finden.
Ich wollte zwar nach wie vor kochen und mit Gästen zu tun haben und auch nicht schlechter kochen, aber ich wollte mich nicht mehr abhängig machen von diesen Dingen. Beispielsweise gehören gebügelte und gestärkte Tischdecken zu den ganz normalen Standards in der Sterneküche.
Eine der Ideen war, blanke Tische zu haben, im Bistro-Stil, mit anständigen Servietten. Man kann nicht toll essen und sich dann mit Papier den Mund abwischen. Silber muss nicht sein, es müssen auch nicht besonders teure Gläser auf dem Tisch stehen. Es soll zwar Kristall sein, aber es muss nicht Riedel sein. Es braucht zwar keine Tischdecke auf dem Tisch, aber es muss wenigstens ein anständiges Holz sein.
Meine Tische sind aus alten Eichenbohlen von Weinpressen gezimmert, die habe ich mir in einem Antiquitätenladen in Tournus machen lassen, in dem Ort, wo ich meine Stelle beim Ducloux hatte. Die Materialien müssen schon noch stimmen, genauso wie beim Kochen. Das war für mich ein Befreiungs-

ROHE TOMATENSUPPE MIT BASILIKUM

EINKAUFSLISTE
8 vollreife Tomaten,
1 Knoblauchzehe, 1 Zwiebel,
Meersalz, schwarzer Pfeffer,
1 Bund frischen Basilikum,
1/4 l süsse Sahne

Die fleischigen Tomaten werden am Storz ausgeschnitten und eingeritzt. Anschliessend in kochendes Wasser kurz eintauchen, um sie schälen zu können. Dann die Tomaten aufschneiden und die Kerne über einem Küchensieb ausdrücken. Die Flüssigkeit wird später noch gebraucht. Das Fleisch der Tomaten wird in Stücke geschnitten. Eine mittelgrosse Zwiebel schälen und in dünne Scheiben schneiden. Die frische, grosse Knoblauchzehe, die möglichst noch in feuchter dicker Haut war, klein schneiden und mit der Zwiebel möglichst schnell fein pürieren. Dann das Tomatenfleisch ebenfalls fein pürieren und mit dem Rest mischen. Zwiebeln und Knoblauch dürfen den Tomatengeschmack nur leicht unterstreichen. Danach das feine, leichte Tomatenpüree schon kalt in einem Suppenteller anrichten, nachdem es mit etwas feinem Meersalz und einem bisschen feinem, schwarzen Pfeffer aus der Mühle abgeschmeckt wurde.

Die Blätter von frischem Basilikum in kurze, dünne Streifen schneiden, erst kurz vor dem Anrichten im Teller auf die kalte Suppe geben und gut darauf verteilen. In die Mitte sollte ein Kaffeelöffel aufgeschlagener Sahne (ohne Zucker) gegeben werden.

PHILOSOPHIE EINS

Powerfrau im Naturpool. Brigitte Marie Keller hat nur selten die Gelegenheit zu einem erfrischenden Bad im Rhein. Ihren Alltag bestimmen die harten Anforderungen als Chefin der „Adlerwirtschaft", die sie jeden Tag gut 14 Stunden auf Trab hält

schlag, um auf deine Frage zurückzukommen. Und dann kam meine Frau Brigitte Marie und half mir sehr bei der Finanzierung. Ich selber habe nie Geld gehabt. Viel gearbeitet, gut gelebt, aber auch nichts gespart. Und sie forderte, dass ich zwei Tage die Woche den Laden schliesse, was wir auch schon elf Jahre lang machen. Ob es vom Ökonomischen so weiter geht, bezweifle ich langsam.

Kann es heutzutage ein junger Mensch überhaupt noch schaffen, als Koch richtig grossen Erfolg zu haben?
Ja, wenn beispielsweise jemand irgendwo im Schwarzwald oder im Markgräfler Land ein kleines Hotel hat, das nicht grade aus den sechziger Jahren ist, und seine Eltern schon ein wenig investiert und das Objekt auf Vordermann gebracht haben. Dann besteht eine Chance. Wenn dann der Sohn Koch gelernt hat, zum Beispiel bei Wissler, kochen kann und dafür einen Stern kriegt, sieht es um so besser aus. Aber er müsste mit 24 Jahren schon die Reife eines Vierzigjährigen haben, damit er vernünftig handelt und sich nicht verschuldet, nicht versucht, in die Oberliga zu kommen, indem er ein paar Millionen investiert. Dann ginge es schon noch. Aber das ist ein theoretisches Modell.

Du hast dich häufig in Publikationen geäussert. Was ist deine Botschaft?
Mit meinem Engagement will ich den Gästen wie den Kritikern sagen: von allen Optionen, die wir gastronomisch haben, gibt es sowieso nur noch die Möglichkeit zu etwa drei Prozent wirklich anständig zu essen. Der Rest ist Schrott oder normal. Aber diese drei Prozent an Lokalen müssen erhalten werden und dürfen nicht kaputt kritisiert werden, meist von Deppen, die eh' keine Ahnung haben.

Was stört dich an den Kritikern?
Wo gibt es heute noch eine einfache Kneipe, die so kocht, wie wir damals in Oberbergen, wo wir mit einfachster Küche und dem kleinen Menu, das ich schon beschrieben habe, einen Stern bekommen haben. So etwas suche ich

heute noch, finde es aber nirgends. Ich sage, die Leute vom Gault Millaut sind überhaupt nicht mehr fähig festzustellen, ob jemand gut kochen kann oder nicht, wenn er seinen Laden aufmotzt und wahnsinnig investiert.

Sind für dich die Kritiker, bzw. die Medien, alle 'gleich' abzulehnen?
Der Michelin ist für mich die einzige seriöse Institution, die auch wirklich fachlich kompetent arbeitet. Und zwar durch und durch. Dafür lege ich meine Hand ins Feuer. Das sind wirklich die einzigen, die man weder kaufen, bestechen, noch beeinflussen oder sonstwas kann. Wenn es wirklich um die zuverlässigen, echt recherchierten Daten geht, hat sie der Michelin.

Warum hat der Michelin den „Bib Gourmand" erfunden?
Der „Bib" ist eine neue Kategorie und zwar einfach und gut. Günstig und gut war der Anfang des Michelins. Die drei Sterne waren eine Erfindung fürs Image. Früher war er erstmal für Hotels zuständig und fürs Programm: gut und preiswert essen. Um in den Führer als Hotel hineinzukommen, musst du schon gut sein. Wenn du heute am Ende deines Urlaubs herumfährst und hast nicht mehr viel Geld, dann kannst du in die billigste Kategorie einchecken, die Michelin empfiehlt. Du wirst sehen, es ist korrekt. Genauso war es früher mit dem Essen. Später hat sich das alles in Richtung Luxus verselbständigt, für Gourmets, die als Feinschmecker exquisite und aufwendig komponierte Menus schätzen. Deshalb haben sie den „Bib" erfunden. Es ist das Kürzel für Bibendum, dem Michelin-Männchen. Der Name „Bib Gourmand" weisst schon darauf hin, dass es nicht um Gourmets geht, sondern um Leute, die eine ordentliche Portion auf dem Teller haben wollen. Er kennzeichnet sehr gute regionale Küche mit einem besonders günstigen Preis-Leistungs-Verhältnis (ab 28 Euro). Michelin macht das schon seit 1977 so und ab 2000 ist der Kopf des Bibendum-Männchens in Rot als Logo im Michelin Führer. Eine echte Alternative. Ist wohl auch als Kurswechsel zu den Grundwerten und Anfängen zu sehen. Vielleicht sind die auch nachdenklich geworden, weil so viele Sternelokale den Boden unter den Füssen verlieren. Ein positives Beispiel ist das „Perkeo" in Salzburg. Weniger Luxuszirkus und trotzdem ein Stern.

🍽 WEISSE BOHNENSUPPE

EINKAUFSLISTE
Für vier Personen 400 g getrocknete weisse Bohnen, 3 Lorbeerblätter, Fleischbrühe, Salz, gewürfelte Kartoffeln, Zwiebeln
Beilage: Schweinsfüsse

↘ *Eine Suppe von weissen Bohnen mit Schweinsfüssen ist ein deftiges Gericht für die kalte Jahreszeit, wobei man gerne auf Vor- und Nachspeise verzichten kann. Gutes Bauernbrot dazu ergibt ein mächtiges Essen.*

↘ *Weisse Bohnen wässert man gut zehn bis zwölf Stunden und setzt sie dann mit Fleischbrühe oder auch mit Wasser auf. Einige Lorbeerblätter und nur wenig Salz kommen gleich dazu; wie auch die Schweinsfüsse, die ganz oder zum grössten Teil verkochen dürfen weil sie dann das Ganze auf angenehme Weise leicht binden. Je nach dem Trockenzustand der Bohnen braucht die Suppe drei bis vier Stunden Kochzeit. Köcheln!*

↘ *Nach etwa der Hälfte der Garzeit gibt man gewürfelte Kartoffeln im Verhältnis eins zu vier der Menge der Bohnen bei. Zum Schluss wird mit gebräunten Zwiebeln abgeschmälzt und mit Salz, Pfeffer und Muskatnuss nach Bedarf abgeschmeckt.*

DIE REISE ZU DEN PATRONS

WENN DU DAS MAXIMUM WILLST, MUSST DU GANZ OBEN ANFANGEN

Vom Küchenpaten und Patron Paul Bocuse in Lyon lernte Franz Keller den Griff zu den Sternen. Dreissig Jahre danach führt ihn eine Spurensuche zurück zur Begegnung mit der Welt der Haute Cuisine in Frankreich und Italien. Heute sieht er die „Grosse Küche" mit ganz anderen Augen

Der strenge Blick des ewigen Lehrmeisters: Paul Bocuse und sein früherer „Commi". Auch wenn Franz Keller heute eine völlig andere Einstellung gegenüber dem „Sterne-Zirkus" hat, bleibt ein Plausch mit seinem grossen Ex-Chef ein viel zu seltenes Vergnügen

„John" (Jean) und Franz posieren mit leerer Pfanne in der Ducloux-Küche fürs Foto. In Kellers Augen ist er der bodenständigste und ehrlichste von allen Starköchen

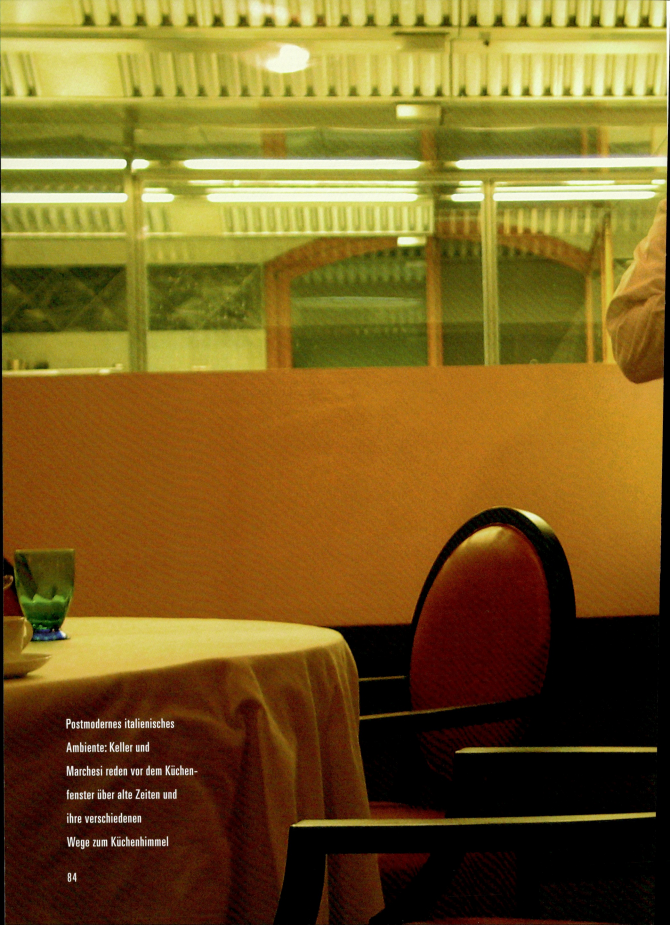

Postmodernes italienisches Ambiente: Keller und Marchesi reden vor dem Küchenfenster über alte Zeiten und ihre verschiedenen Wege zum Küchenhimmel

DIE REISE ZU DEN PATRONS

Von Kopf bis Fuss auf Federvieh eingestellt: Ein Ein-Stern-Restaurant in der Bresse. Man isst sich einig: nirgends schmeckt Geflügel so wie hier

WIR FAHREN MIT DEM WAGEN DURCH FRANKREICH. ES IST SPÄTSOMMER, EIN SONNIGER TAG. FRANZ KELLER KOMMENTIERT DIE TOPOGRAFIE DER LANDSCHAFT:

Wenn du die A6 lang fährst, die Autobahn von Paris nach Lyon, kommst du an Bonne vorbei, nach Lyon. Rechts vom Fluss sind die ganzen Reben auf den Weinbergen. Unten ist der Fluss, dann kommt eine kleine Ebene, dann ziehen die Reben die Hänge hoch, oben ist nur Wald. Auf diese Hänge scheint die Sonne von morgens bis abends, sie wandert im Bogen herum. Und diese Kombination – der Fluss, der das Licht reflektiert, die Hänge, der Wald dahinter für den Wasserhaushalt und die Sonne – sind die Voraussetzung, dass da guter Wein wächst. Wenn man herunterfährt nach Süden, gibt es die rechte und die linke Seite von der Saône. Die rechte Seite ist die goldene. Wenn du dort geboren wurdest und dein Vater auch noch ein Weingut mit guten Lagen hat, dann hast du Glück. Dann bist du ein reicher, glücklicher Mann. Wenn du auf der anderen Seite des Flusses geboren wurdest, bist du einfach nur Bauer. Dann pflanzt du Rüben und Mais an und hältst Hühner. Wenn du Glück hast, heissen deine Hühner Poulet de Bresse. Wenn du wirklich Glück hast, denn das Gebiet ist doch relativ klein.

WIR KOMMEN DURCH DIE BRESSE UND BESUCHEN EIN LOKAL MIT EINEM STERN, DAS WIR IM MICHELIN HERAUSGESUCHT HABEN. FRANZ STELLT DAS MENU ZUSAMMEN. WIR ESSEN ENTENSTOPFLEBER, FROSCHSCHENKEL, WEINBERGSCHNECKEN UND NATÜRLICH BRESSEHUHN UND FROMAGE BLANC. DAZU TRINKEN WIR CHABLIS.

Wieso bestellst du Entenstopfleber und nicht die von der Gans?
Die Entenstopfleber ist, wenn du so willst, weniger edel, und deshalb nicht so teuer. Aber ich halte die Entenstopfleber für kräftiger als die Gänsestopfleber und schmackhafter. Die Gänsestopfleber ist feiner.

Ich dachte immer, die Gans sei nicht so fein wie zum Beispiel die Ente.
Es ist umgekehrt, wenn es um die Leber geht. Grosse Köche wie der Escoffier haben immer gesagt: „Die Gans interessiert mich nicht. Mich interessiert nur die

Käse ist Kulturgut.
Ohne guten Käse geht in
Frankreich gar nichts

Leber. Die Gans ist nur der Apparat, der die Leber produziert." Also etwa so, wie die Chinesen mit ihrer Peking Ente verfahren, weil sie nur die Haut interessiert.

Kommen die Froschschenkel hier aus der Gegend?
Hinter Tournus von Macon bis kurz vor Lyon und dann bis Genf befindet sich ein riesiges landwirtschaftliches Gebiet, ein Paradies. Dort gibt es hunderte von kleinen Seen, Tümpeln und Bäche zwischen den Äckern. Hier sind die Froschschenkel fast normales Lebensmittel und haben nicht diesen exotischen Aspekt, der ihnen ausserhalb Frankreichs zugesprochen wird. Die Landschaft ist so abwechslungsreich, dass man sie mit der heutigen unsinnigen Landwirtschaft nicht platt bekommt.

Bekommt man die Frösche gezüchtet oder frei lebend gefangen?
Es kommt darauf an, auf die Saison und die Gegend. Ursprünglich gab es nur in Freiheit gefangene Frösche, aber jetzt sind es nur noch 20 bis 30 Prozent. Als ich bei Ducloux war, gab es einen alten Mann, Père Michel, der brachte uns in der Saison jeden Tag eine Plastiktüte voller Froschschenkel. Der ging jeden Abend um neun ins Bett und ist in der Frühe um drei aufgestanden, um die Frösche zu suchen und zu fangen. Du kannst den Unterschied vom Geschmack oder der Festigkeit her herausfinden. Unsere hier waren fest und schmackhaft.

Wie werden die Froschschenkel zubereitet? Ist die Panade Pflicht?
Sie sehen auf dem Teller aus wie leicht paniert. Aber sie werden nicht paniert, sondern mehliert und dann gebraten. Und am Schluss, wenn sie fertig sind, kommt in die heisse Butter in der Pfanne eine Handvoll Brotmehl, Petersilie und Knoblauch hinein. Es fängt dann an zu schäumen, bindet die Butter und verhindert, dass die Butter verbrennt oder zu dunkel wird.

Sind die Weinbergschnecken auch eine Spezialität von dir?
In Hattenheim gibt's zwei Franzosen und einer sucht sie immer. Die gibt's in meiner Heimat, im Kaiserstuhl, auch. Und auch im Rheingau. Jede Menge

sogar. Die Zubereitung ist mit sehr viel Arbeit verbunden. Zuerst musst du sie fangen, dann musst du dafür sorgen, dass sie sich entleeren. Man setzt sie in ein Areal und beobachtet diesen Prozess. Dann werden sie blanchiert, herausgenommen und geputzt, die Därme und Innereien davon getrennt und dann noch mal gekocht. Dann in Butter geschwenkt. Du musst dir eines merken: Alles was gut ist, hat immer mit Fett zu tun.

Kommen wir zum Hauptgang, dem Bresse-Hahn. Wir müssen eine Stunde darauf warten. Was hat es mit dem Bresse-Hahn auf sich?
Bresse ist die Gegend. Die Leute hier haben sich zusammengeschlossen, das war um 1900 herum. Sie sagen einfach, dass jeder Bauer, der so und soviel Hektar hat, pro Hektar nur so und soviel Hühner produzieren darf. Sie dürfen proportional nicht mehr produzieren als sie in Relation dazu Gelände haben. Es ist festgelegt, was sie füttern dürfen und dass das Geflügel nicht unter 1,2 kg Bruttogewicht geschlachtet werden darf. Wenn jetzt plötzlich einmal der Marktpreis anzieht, weil Ostern ist oder sonst was, kann der Bauer nicht früher schlachten, sonst darf es nicht als Poulet de Bresse verkauft werden. Es ist alles festgelegt; nur dann gibt's das Siegel, das daran gehängt wird. Dafür kriegt der Züchter immerhin bis zu 50 Prozent mehr Geld. Da gibt es vierzig Kilometer weiter Bauern, die Hühner züchten, aber die haben das Privileg eben nicht. Verstehst du? Das ist genauso wie im Burgund. Dort gibt es eben den Wein, und dahinter ist es nicht mehr Burgund und der Wein ist kein Burgunder mehr.

Wie werden sie gefüttert?
Die Bresse-Hühner und -Hähne dürfen nur mit Mais und mit Cerealien, also mit Getreide wie z. B. Weizen und Hafer und mit Milchprodukten gefüttert werden. Die Bauern geben ihnen z. B. auch Quark und Milchbruch. Sie werden einfach auf Wiesen gehalten und fressen grünes Gras. Das hcisst, wenn sie gross sind, ist die Wiese abgefressen. Dann kommt die nächste Generation auf die nächste Wiese und die andere wird rekultiviert. Ein normaler Hühnergarten ist nach vier Monaten, wenn da 30 Hühner auf 150 qm sind, blank. Da wächst kein Halm mehr.

🍽 FROSCHSCHENKELSUPPE MIT KOPFSALATJULIENNE

EINKAUFSLISTE
24 Froschschenkel,
1/2 l Weisswein, Seezungenfond,
Butter, Schalotten,
2 Köpfe grüner Salat,
1 Becher süsse Sahne,
1 bis 2 Eigelb

➘ *Froschschenkel in Weisswein und leichtem Seezungenfond garen, nachdem sie vorher kurz in Butter und Schalotten geschwenkt wurden. Nach dem Garen auf den Punkt herausnehmen und entbeinen. In wenig kalten Fond legen, um dadurch das Austrocknen aufgrund des hohen Gelatinegehaltes zu verhindern. Den entstandenen Sud nicht zu schnell reduzieren lassen.*

➘ *In einer anderen Sauteuse mit Butter die Kopfsalatjulienne (in grobe Streifen geschnittener grüner Salat) zusammenfallen lassen und den Fond zugeben. Mit einer Legierung aus dicker süsser Sahne und Eigelb abbinden und mit dem Froschschenkelfleisch servieren. Anständigen Weisswein (Grauburgunder) nicht vergessen!*

DIE REISE ZU DEN PATRONS

Poulet de Bresse und Perlhühner aus der Region. Alles nach Vorschrift - von der Haltung bis zum Fussring

Der Hahn wird die letzten Wochen gemästet. Das heisst, er bekommt auch vorgekochtes Futter. Dann wird z. B. Mais gemahlen und mit Quark zusammen gegart. Und geriebene Karotten. Darauf sind die ganz wild. Wahrscheinlich denken sie, dass sie davon schön braun werden.

Aber man könnte doch auch eine andere Region nehmen und dieselben Standards einführen.

Es gibt schon andere Regionen, die das Konzept nachgestrickt haben. Die haben ihre eigenen Gesetze gemacht, aber sie haben nicht das Renommée und diesen bekannten Namen, der ihnen erlaubt, die weltweit höchsten Preise für Geflügel zu erzielen. Bresse ist weltweit ein Markenartikel und das mit Recht.

Bresse – eine internationale Marke?
Die Hühner gibt es mittlerweile auch in Amerika. Du kannst sie dort für sündhaft teures Geld kaufen. Wenn du in Deutschland ein Poulet de Bresse kaufst, zahlst du für das Kilo bis zu 35 Euro, das ist der Einkaufspreis. Ein nackiger, toter Hahn *(Miral)* kostet um die 45 Euro. Er wird vier Monate mit viel Mühe und Fleiss gepäppelt, während ein normales Hühnchen in sechs Wochen unter Stress hoch gezüchtet wird. Es wird nachts zum Fressen künstlich wach gehalten und bekommt genmanipuliertes Sojafutter. Es gibt fast keinen Soja mehr, der nicht genmanipuliert ist. Das sage ich jetzt mal auch für die Vegetarier, die so gerne Tofu essen. Die Chance, dass der Soja ursprünglich ist, so wie es sich gehört, ist verschwindend gering und wird immer geringer. Du kannst das nicht mehr unter Kontrolle halten.

Die Brust ist das edlere Teil. Aber das Problem ist, wenn man den Hahn so brät, dass die Keule gut ist, wird die Brust zu trocken. Deshalb bekommst du zuerst die Brust, die Keulen werden noch weitergebraten und dann nachgereicht.

Wieso lässt man den Ring noch am Fuss des Huhns (Poulets)?
Der Ring am Bein vom Bresse-Huhn, das wir hier gerade essen, weist die Nummer vom Züchter auf. Er bleibt wie bei einer Zuchttaube für immer am

Bein, bis zum Schluss. Diese Nummer hier besagt, wer ist der Züchter, die Tiernummer, der Schlachttag usw. Und auf der Brust haben sie das bleu/blanc/rouge Zeichen, auf dem hinten noch der Name des Erzeugers steht. Das Fleisch ist fest und kompakt. Merkst du, wie stabil die Knochen sind?

Wie sieht es mit dem Kapaun aus?
Der 'Chapoun' wird immer nur zu Weihnachten gemacht. Diesen Hahn gibt's immer nur so ab dem 10. Dezember bis etwa 10. Januar. Das ist ein Hahn, der ganz, ganz jung kastriert wird. Das ist eine ziemlich delikate Sache, weil die Hühner genauso wie die Hähne ihr Geschlechtsteil im After haben. Bei den Hühnern nennt man das Kloake. Daher kommt der Ausdruck. Das Teil selbst ist pikobello sauber, weil es in so einer Art Tasche getrennt vom Darm sitzt.
Ich denke, dieser Mechanismus kommt noch von den Reptilien. Jedenfalls ist es diffizil, diesen Beschnitt an den kleinen Küken zu machen. Die Küken machen dann eine ganz andere Entwicklung durch. Die stecken ihre Kraft und ihre Energie nicht in die Fortpflanzung, in einen dicken Kamm und in das stolze Gehen. Sie sind praktisch ihrer Bestimmung entzogen, stark zu sein und kämpfen zu können. Die Hähne fressen einfach nur noch aus Lust und setzen dadurch viel mehr Fett an.

Sehen diese gemästeten Hähne überhaupt noch wie 'Hähne' aus?
Diese 'Hähne' haben einen kleinen Kamm. Der Kamm bleibt unterentwickelt. Die Energie geht ins Fleisch. Und dann setzen sie sehr viel Fett an. So ein Kapaun kann von 3,5 bis zu 4,5 Kilo haben. Er hat innen drin eine ganze Handvoll wunderbares gelbes Fett. Das nimmt man zum Beispiel, um Gemüse zu kochen, oder um eine Suppe zu machen – mit der Karkasse noch dazu. Der alte Escoffier verkochte für eine Suppe die ganzen Kapaune – nur mal so!
Die französischen Könige in Versailles haben vom Kapaun nur die Brust verspeist, schön dekadent. Die Kapaune brauchen ca. sechs Monate, bis sie fertig sind. Die werden zum Teil die ganze Zeit auch richtig von Hand gefüttert. Und dann kann es zum Drama werden, wenn das jemand macht, der keine Ahnung davon hat und die Tiere verenden, weil sie einfach zu schnell fett werden.

GEFLÜGELSCHAUM MIT TRÜFFEL-JULIENNE

EINKAUFSLISTE
200 g ausgelöstes Poulardenfleisch, ohne Haut und sehr mager, 2 Eier, 1 l Crème double
Salz, Muskat, Pfeffer,
1 bis 2 frische schwarze Périgord-Trüffel,
4 cl Portwein, 4 cl Sherry,
4 cl Geflügelfond

GEFLÜGELSCHAUM:
↘ *Das kalte Fleisch in einem kleinen Mixer pürieren, durch ein feines Sieb passieren, die Eier mit dem Schneebesen unterziehen bis eine ziemlich feste Masse entstanden ist. Ruhen lassen. Würzen und Crème double unterziehen. Nochmals abschmecken und in ausgebutterte Form geben. Im Wasserbad im Ofen (ca. 90 bis 100°) mit Folie abgedeckt 15 Minuten pochieren.*

DIE SAUCE:
↘ *Ein bis zwei rohe Trüffel schälen, die Hälfte der Schale zu Julienne schneiden – die andere Hälfte anderweitig verwenden. Das Innere der Trüffel in kräftige Julienne-Streifen schneiden. In eine Sauteuse geben, mit gutem Portwein, Sherry und kräftigem Geflügelfond bedecken. Etwas salzen und leicht kochen. Die fertigen Trüffel-Streifen herausheben und den Fond reduzieren. Die Streifen wieder zugeben, durchschwenken und zum Geflügelschaum anrichten.*

DIE REISE ZU DEN PATRONS

In den Lyoner Hallen. Franz Keller offeriert die krachig-frischen Schweinegrieben und fühlt sich sauwohl

Die 'Chapouns' werden bis nach Japan exportiert. Es werden insgesamt etwa 2000 Stück für die ganze Welt produziert. Das Kilo kostet im Feinkostladen so ab 70 Euro aufwärts. Ein Gockel hat dann 3,5 Kilo und kostet um die 250 Euro.

Stell dir mal vor, du machst vier Portionen daraus und jeder bekommt eine viertel Brust und eine halbe Keule. Und das ist es wert. Ich habe letztes Jahr fünf Stück gemacht, drei davon verkauft und zwei habe ich selber verzehrt mit der Familie und meinen Freunden. Das ist das richtige Verhältnis.

Wir sind jetzt beim Dessert angelangt.
Du hast Fromage blanc bestellt und es sieht für mich - mit Verlaub - etwas bescheiden aus.

Dieser Eindruck täuscht. Der Käse wird jeden Tag frisch gemacht.

In die frisch gemolkene Milch kommt Lab hinein, dann wird sie leicht verrührt und irgendwann: zack! bleibt sie leicht stehen. Dann wird die gestockte Milch in Förmchen geschöpft, die seitlich Löcher haben. Der Bruch kommt da hinein, dann läuft die Molke ab. Nach dem Stürzen und Anrichten machst du frische Sahne dazu, die nicht zu fest sein darf, also zwischen fest und flüssig, ein bisschen Zucker drauf und essen. Ich mag es am liebsten so, man kann ihn aber auch ohne Zucker essen oder mit Fruchtsalat, Erdbeeren oder auch einer Marmelade.

Was geschieht mit ihm, wenn er nicht verkauft wird?

Der Käse ist und heisst nur einen Tag lang Fromage blanc. Einen Tag später ist es schon Käse. Du kannst ihn auch in der Form stehen lassen, dann wird er immer fester und dicker. Irgendwann hast du einen frischen Weisskäse, dann fängt er an zu reifen.

Warst du zufrieden mit dem Ein-Stern-Essen?

Alles bestens. Nur das Püree war ein wenig übersalzen.

Ja leider – Salz ist das Gewürz der armen Leute.

FRANZ KELLER

IN TOURNUS BEI JEAN DUCLOUX IM „GREUZE"

Wir werden gleich auf deinen ersten alten Chef treffen.
Du scheinst mir etwas nervös zu sein. Ich nehme doch an, dass dir deine alten Lehrherrn und Chefs wie Ducloux, Lacombe und Bocuse freundschaftlich gesonnen sind. Oder liege ich da falsch?

Bei Ducloux ist das überhaupt kein Thema. Aber als ich das letzte Mal bei Bocuse war, fragte der mich erstmal, wieso ich keinen Stern mehr habe. Es gibt unter den Kollegen Neid, Hochmut und auch Herablassung. Ich habe da in Deutschland schon die eine oder andere unangenehme Situation erlebt. Schau, ich bin ausgestiegen und nicht alle kommen damit klar. Bocuse fragt mich ständig, warum bist du nicht in Oberbergen, warum hilfst du nicht deinem alten Vater. Er weiss natürlich, dass der Stern in Oberbergen praktisch zum Haus gehört. Und ich sagte zu Bocuse, ich mache, was ich will und der Vater macht, was er will. Und das kann er nicht verstehen. Aber was mit seiner eigenen Tochter ist, sagt er nicht. Die hat einen grossen Pâtissier und Chocolatier in Lyon geheiratet. Die ist auch nicht mehr im Haus und macht was sie will. Genau so wie ich.

Freust du dich also, Ducloux gleich zu sehen?

Ja klar. Jedesmal, wenn ich hinkomme, freue ich mich, dass es ihn noch gibt. Er ist jetzt über achtzig. Er turnt noch in seinem Laden herum, weil er noch fit ist. Er schläft immer bis zwölf, halb eins, dann steht er auf und dreht sich zuerst mal eine Maiszigarette. Er dreht sie mit der Hand, damit er nicht soviel raucht. Dann trinkt er seinen Kaffee, isst eine Suppe und tut so, als wenn er grade aus der Küche kommt, weil er mit seinen Leuten gekocht hätte. Dann parliert er ein wenig mit den Gästen, wenn sie kommen, und parliert wieder mit ihnen, wenn sie gehen. Dann geht er wieder ins Bett. Zwischendurch isst er was und macht es wieder wie mittags. Dazwischen guckt er schon mal fern.
Er macht halt in Kommunikation und fertig. Davon lebt der Laden. Kochen tut der Mann seit 40 Jahren nicht mehr, warum auch. Alles, was der gemacht hat, das steht und läuft mit seiner Mannschaft. In Frankreich ist Ducloux ein sogenanntes 'monument historique'. Hab aber leider das Gefühl, dass jetzt wohl

GRATIN VON NORDSEEKRABBEN

EINKAUFSLISTE
350 g frisch ausgepulte Nordseekrabben, 2 mittelgrosse Kartoffeln, in der Schale kurz vorher gekocht, 1 Zitrone, 1 kleines Sträusschen Thymian – davon nur die Blätter benutzen, nicht zu viel, da sehr intensiv, 90 g Butter, 1 l Weissweinfischsauce, schon leicht gebunden, möglichst von Seezunge oder Steinbutt, 1/4 l leicht schaumige Sauce Hollandaise, die mit weniger Butter als normal aufgeschlagen wurde, Salz, weisser Pfeffer aus der Mühle, sowie frisch geriebenen Muskat (wenig!)

➤ *Kartoffeln schälen, in dünne Scheiben schneiden und die Portionsgratingeschirre, die vorher mit Butter ausgerieben wurden, damit belegen. Die Krabben gewaschen und getrocknet in zerlassener Butter vorsichtig bei niederer Temperatur in der Pfanne ausschwenken. Würzen mit Salz, Pfeffer und Muskat. Mit etwas Zitronensaft säuern, abschmecken und dann die kalte Weissweinfischsauce dazugeben. Kurz ankochen lassen, nochmals abschmecken und nun die Hollandaise warm mit einer Holzspachtel unterziehen. Nochmals probieren. Auf keinen Fall aufkochen, da die mit Hollandaise montierte Gratinmasse sonst gerinnt. Die Krabben vertragen auch kaum Hitze. In die Gratingeschirre einfüllen, flach streichen und im Ofen bei starker Oberhitze kurz hellbraun gratinieren. Sofort servieren. Dazu passt ein trockner badischer Weisswein, wie Weissburgunder oder Silvaner.*

DIE REISE ZU DEN PATRONS

Mit weit über 80 arbeitet Grand Seigneur Ducloux noch immer mit Freude in seinem Restaurant

2004 Schluss ist. Er hat mir signalisiert, dass er nun verkauft hat und nur noch übergangsweise da ist. Mit 85 Jahren ist das wohl auch o.k. so. Allerdings macht er sich gewaltige Sorgen, was er den ganzen Tag zu Hause machen soll, wo auch seine Frau ist. Schliesslich hat er jetzt nicht mehr die Ausrede, dass er ins Restaurant muss, wenn die Stimmung dort mal wieder nicht allzu gut ist.

Wir sind nun in einem Zwei-Sterne-Restaurant.
Wie hat Jean Ducloux sie bekommen?

Der Laden hatte 18 oder 20 Jahre lang immer einen Stern, weil er den zweiten abgelehnt hatte. Als er sechzig wurde, nahm er den zweiten Stern an. Was gut ist, ist gut. Du freust dich doch auch, wenn du von deiner Grossmutter etwas Gutes vorgesetzt bekommst. Es gibt Traditionen, die sind erprobt und gut. Die ändern sich erst mit den Generationen, mit dem Geschmack oder mit den Produkten, was weiss ich. Aber wenn ein Koch seine Rezepturen und seine Küche gefunden hat, und die perfekt so weiter macht, ist das doch in Ordnung, oder? Und wenn es halt nicht mehr läuft, dann weiss man, dass die Zeit vorbei ist. Beim Ducloux ist es immer voll. Natürlich wird er und seine Kundschaft auch älter. Und die Jungen könnten das vielleicht antiquiert finden, dass da so riesige Portionen gereicht werden. Dort gibt es ja immer noch ein richtiges Charolais Steak, non paret, mit dem Fett aussen herum, über das sich mancher Amerikaner freuen würde. Die sagen: crazy, das ist ja fast wie bei uns, ein richtiger Lappen. Das ist halt ein tolles Fleisch. Hier in dieser Region ist das ein Klassiker, vergleichbar vielleicht mit einem Florentiner Steak in Italien, weisst du, auch so quer durchgeschnitten und gebraten und gegessen.

Du arbeitest selber mit Charolais Rindern.
Hast du dieses Konzept von hier exportiert? Hast du die Inspiration und das Wissen um die Qualität von hier mitgenommen?

Ja natürlich. Hier habe ich die Charolais-Rasse kennengelernt und auch die Fleischqualität. Bei uns gibt es diese armseligen Milchrinder, die nur ein Filtersystem für Milch sind, die nur Fleisch und kaum Fett haben, zäh wie Leder, und die erst geschlachtet werden, wenn sie nach fünf, sechs Jahren keine Milch mehr geben. Das kann kein Bratenfleisch sein. Es haben sich in bestimmten Regionen Rassen herausgebildet – die einen sind Fleischrassen, die anderen Milchrassen. Und dann gibt es solche, die klein gezüchtet wurden, wie man früher Hunde gross gezüchtet hat, bei den Adeligen. Und als die Bürger auch Hunde wollten, hat man sie klein gezüchtet, wie z.B. die Französische Bulldogge. Weil die Hunde dann nicht soviel gefressen haben. Wie die Yorkshire Terrier. Die hat man aber nicht so klein gezüchtet, damit die Huren sie gut auf dem Arm halten können, sondern weil die Leute sie früher mit in die Bergwerke genommen haben, damit ihnen die Ratten nicht ihr Vesper wegfressen. Sie hatten selber nicht viel zu essen, was sollten sie dann mit einem grossen Hund.

Wir waren bei den Charolais …

Die Charolais gehören hier zur Landschaft. Und sie haben das beste Fleisch, das du vom Rind braten kannst. Du kannst es daran sehen, dass hier überhaupt keine Gegend für Kuhkäse ist. Du bekommst hier hauptsächlich Ziegenkäse, wie Crottin de Chavignol usw. Käse wie Camembert kommt von ganz woanders, aus der Champagne zum Beispiel. Was man hier aus der Kuhmilch macht, ist der Fromage blanc. Man will hier hauptsächlich das Fleisch, gar nicht so sehr die Milchprodukte.

Die Charolais Kuh wird ja auch nicht gemolken. Sie hat ganz kleine Euter. Man darf der Kuh auch das Kalb nicht wegnehmen und schlachten. Sie hätte Riesenprobleme damit. Sie gibt nur Milch für das Kalb, das bis zu einem Jahr bei der Mutter bleibt. Es frisst Gras und Heu und saugt gleichzeitig, bis es ein Jahr alt ist, an der Mutter. Und erst, wenn die Mutter gedeckt wird, tritt sie das Kalb weg. Sie braucht dann die Energie für das Nächste. Sie erholt sich in der Zeit milchmässig, und wenn sie geboren hat, gehts wieder los.

Du musst immer zufüttern, Gras allein reicht nicht, da wird die Kuh nicht rund. Ein gutes Zufutter ist Biertrester, das ist der Abfall vom Bier. Wenn die Biergerste ausgesudet ist, ausgekocht, dann ist noch sehr viel Eiweiss drin. Und durch das Auskochen ist das Eiweiss auch aufgeschlossen. Das ist, wie wenn du

GRÜNER SPARGEL

EINKAUFSLISTE
1 kg grüner Spargel, Fleischbrühe, 2 bis 3 Eigelbe, Muskat, Pfeffer, Salz, Olivenöl, junger Bordeaux oder Merlot pur

➤ *Ich verwende zwei Sorten, den dünneren aus Italien oder den dicken grünen Spargel aus Frankreich. Der Spargel ist deshalb grün, weil er das Tageslicht gesehen hat. Er hat mehr Bitterstoffe und ist kräftiger vom Geschmack als der Weisse. Ich bereite ihn am liebsten mit einer Rotweinsauce zu. Jeder Weintrinker meckert zwar darüber, weil er nicht weiss, was er dann dazu trinken soll – ich trinke gerne einen kalten Beaujolais. Spätburgunder passt überhaupt nicht, weil bei dieser Spargelsauce die kräftigeren Tannine eine Rolle spielen.*

➤ *Ich mache aus Fleischbrühe, zwei, drei Eigelbe, ein bisschen Salz, Pfeffer, Muskat eine Mayonaise. Man fängt an, tropfenweise Öl hineinzurühren, damit es emulgiert. Dann wird immer mehr Olivenöl daruntergeschlagen, damit es eine ganz dicke, stehende Mayonaise wird, in der praktisch der Schneebesen stehen bleibt.*

➤ *Jetzt die Masse mit dem Rotwein verschlagen, gern auch mit Schaumbläschen. Wenn die Sauce dann dünn genug ist, gebe ich sie als Spiegel in den Teller und lege dann die abgekochten und abgetropften Spargeln darauf, reibe frischen Muskat darüber. Das ist eine schöne Symbiose, die kräftige Sauce mit Rotwein und Olivenöl und der kräftige grüne Spargel mit dem Muskat.*

Restaurant „Greuze" in Tournus. Hier hat Keller nicht nur Französisch gelernt, sondern auch die Küche Burgunds verinnerlicht

einen Griessbrei isst. Der ist auch leichter zu verdauen als ein rohes Müsli. Die ganzen Rohköstler unterliegen ja auch dem Irrglauben, dass rohes Müsli gesund sei.

Was sind das für Leute, die die Rinder halten?
Wenn du so eine Herde hast von 200 bis 300 Viechern, dann kennst du ja als Bauer jedes Tier. Die haben zwar alle eine Nummer und du musst Buch führen wegen irgendwelcher Rinderseuchen und so weiter, das ist ja inzwischen Gesetz. Aber das sind so Typen, die wissen alles über ihre Tiere. Wann sie gekalbt haben und wann sie wieder kalben werden. Die gehen nachts vor dem Schlafen noch mal durch ihren Stall und sagen, heute ist alles ruhig, es wird nichts passieren.

Denkst du, dass sich der Umgang mit diesen speziellen Rindern auf den Menschen auswirkt?
Mit Tieren zu leben hat was Archaisches vom Rhythmus her. Geh in den Hühnergarten und schau mal den Hühnern eine halbe Stunde lang zu, wie sie kratzen und picken. Du bist belustigt, weil das alles so witzig aussieht, und du merkst auf einmal, wie du dich entspannst. Du merkst, wie alles nicht mehr so wichtig wird, was dich belastet, du kommst wieder runter. Du brauchst nicht mehr irgendwelche Tranquilizer oder sonst irgendwelche Mittel. Wenn du ein Tier hast, was normal ist, was nicht selber irgendeine Macke hat, was nicht hektisch durch die Gegend rennt, kommst du eigentlich immer relativ dicht mit der Natur in Kontakt; und wenn es ein Hund ist, mit dem du dreimal am Tag hinaus gehst.

Wie es für dich mit deinen Hunden?
Was bedeutet es für dich, dass du die Hunde hast?
Es ist ganz wichtig für mich, weil ich rauskomme. Nachts, wenn das Geschäft geschlossen ist, fahre ich nochmal mit den Hunden in die Weinberge. Das ist für mich eine Zeit, wo ich den Tag mental Revue passieren lassen kann. Ich reflektiere noch mal alles, was gewesen ist.

*Ich sehe soeben, dass Ducloux ins Restaurant gekommen ist.
Er begrüsst die Gäste in voller Kochmontur. Wieso das?*

Das ist immer ein Spagat. Die Gäste kommen herein, setzen sich hin und im Vorbeigehen an der Küche würden sie gerne sehen, dass der Koch am Schwitzen ist und mit den Pfannen schmeisst, mit den Lehrlingen schreit und was weiss ich. Und sie würden sich wünschen, dass der Koch verschwitzt an den Tisch kommt, sie überschwenglich begrüsst und fragt, was er ihnen empfehlen soll. Dann wieder in die Küche flitzen und das Essen zubereiten. Und dann soll er wieder persönlich mit den Tellern kommen, und sagen: guten Appetit und lasst es euch schmecken. Und wieder in die Küche abhauen und weiter schuften. Das hätten sie alle gern.

Er vermittelt also ein Bild, das die Leute von ihm erwarten, wenn er nicht als Restaurantbesitzer, sondern als Koch auftritt?

Du kannst aber nicht beides. Du kannst nicht kochen und gleichzeitig repräsentieren und für die Gäste als Gastgeber da sein. Das ist unmöglich. Das habe ich von Ducloux gelernt, von Lacombe und auch von Bocuse. Du kannst alles organisieren, im Griff und im Auge haben, deinen Stil durchsetzen und ihn gleichzeitig nach draussen präsentieren.

Schau, es gibt so viele Köche, die gehen nie zu den Gästen. Die Leute wollen einen Koch zum Anfassen, aber sie wollen gleichzeitig, dass er für sie kocht, verstehst du. Was wir dann machen müssen ist der Spagat, von dem ich sprach. Wenn du keinen Kontakt hast mit den Leuten, können die sich auch nicht mit dir identifizieren.

Ist es nicht jedem Gast völlig klar, dass Ducloux nicht wirklich selbst kocht?

Schau, wenn du zu einer Hure gehst, weisst du, dass du keine Liebe kriegst. Das weiss doch jeder. Und trotzdem glaubst du, dass du die Ausnahme bist, dass die Hure dich doch mag, ausgerechnet dich. Sie ist nett und freundlich, und du gibst ihr auch ein Trinkgeld und freust dich, wenn sie sagt: Junge, komm bald wieder. Im Grunde genommen gehen die Leute ja auch zu einem Bocuse und wissen ganz genau, dass der die letzten vierzig Jahre auch nicht mehr gekocht hat, nicht

MORCHEL-FEUILLETÉ

EINKAUFSLISTE
Pro Person 80 bis 100 g Morcheln, Blätterteigscheiben, 1/16 l Sahne, Salz, Pfeffer, Muskat, 1 Bund frischer Kerbel

➤ *Ein rechteckiges Blätterteigstück (wenn Sie keinen frischen bekommen, nehmen Sie tiefgekühlte Scheiben) von ca. 5 mm Dicke im Ofen backen, durchschneiden, füllen.*

➤ *Pro Person und Feuilleté ungefähr 80 bis 100 g frische Morcheln geputzt und schonend gewaschen in Butter andämpfen und nach kurzem Ziehenlassen im eigenen Saft ca. 1/16 l Sahne beigeben. Weitergaren lassen und danach mit frischgehacktem Kerbel, Salz, Pfeffer und etwas Muskat abschmecken. Einen Teil der Morcheln ohne Fond in das aufgeschnittene Feuilleté geben, den Rest um das Feuilleté herum mit dem Fond anrichten, mit dem Blätterteigdeckel obenauf dann garnieren und sofort servieren.*

➤ *Mögen Sie den leichten dünnen Fond nicht so gerne wie eine sämige Sauce, so geben Sie im letzten Augenblick vor dem Servieren eine Legierung aus einem Eigelb und einem Suppenlöffel dicker, süsser Sahne (Crème double) bei. Gut umrühren, leicht erhitzen ohne zu kochen, servieren.*

Der bodenständige „John" hat jahrzehntelang mehr als einen Stern strikt abgelehnt. Als Krönung seines Lebens liess er sich erst mit 60 Jahren den zweiten geben

mehr selbst am Herd gestanden ist. Der tut immer nur so. Aber er steht für eine Sache. Und die Leute glauben daran, dass Bocuse selbst für sie gekocht hat, wenn er mit Kochmontur die Leute begrüsst und sie an ihren Tischen beehrt. Obwohl sie es besser wissen, glauben sie an ihr Bild, das sie von ihm haben. Schau, es gibt Pasteten, die mit dem Etikett von ihm versehen sind. Es gibt andere, die sind es nicht, aber da ist haargenau dasselbe drin. Und wenn du diese beiden Pasteten einem Feinschmecker gibst, wird er die mit dem Bild von Bocuse darauf viel gelungener finden. Aber der hat sie nicht selber gemacht, sondern nur abgenommen, den Finger in die Masse gesteckt und probiert.

Die meisten Leute wissen nicht, wie das zustande kommt, aber im Grunde genommen belügen sie sich selber. Wenn der hier herumspringt und im Service ist und alle Tische annimmt, wissen sie doch eigentlich, dass er nicht alles selber machen kann. Wie kann er gleichzeitig im Service sein und in der Küche?

Das sind zwei Berufe, die du nicht gleichzeitig machen kannst. Wenn du zu Hause privat Gäste hast, kannst du sie nicht gleichzeitig bekochen und ihnen Gesellschaft leisten. Jeder, der in ein solches Lokal kommt, weiss das, aber er glaubt, was er glauben möchte.

Machst du das in deinem Geschäft auch so?

Ich selber habe die Leute früher richtig bestraft, wenn die dann so kamen, mit Mutti, Papa, Oma, Enkel, und Papa sagte, du isst das und du isst dies und ich etwas ganz anderes, wir wollen alles probieren. Weisst du was ich da gesagt habe – erst in Oberbergen und dann nachher noch in Köln? Ich habe alles aufgenommen und gesagt, ja klar, das machen wir gerne. Aber eines sage ich Ihnen gleich: ich mache nur zwei Sachen. Die anderen machen meine Lehrlinge. Verstehst du? Da haben sie mich gefragt: warum? Und ich sagte, dass ich nicht gleichzeitig 18 Sachen auf einmal kochen kann, das geht einfach nicht.

Unmöglich.

Ich sagte dann etwa Folgendes: Ich habe nur fünf Leute in der Küche und mache nur das, was mir am besten gefällt. Oder ihr esst wirklich einigermassen manierlich, damit ich den Finger darauf halten kann. So habe ich die Gäste oft auf eine Reihe gekriegt. Damals konnte ich mir nicht leisten, solche Leute wegzuschicken und sie an ein anderes Lokal zu verweisen. Ich hatte die Bank im Rücken, das Personal und die Lieferanten wollten Bargeld sehen. Da kannst du nicht zu zwölf Personen sagen, die à la carte essen wollen, nehmt doch bitte ein Menu. Ich habe sie zähneknirschend dann doch angenommen.

Hast du diese Art mit den Gästen umzugehen, die Ducloux hier betreibt, von ihm gelernt?
Das brauchst du nicht lange zu lernen, du musst ihn nur beobachten, dann siehst du es. Er versucht wirklich, mit jedem Gast, auch wenn er ihn nicht kennt, ein Wort zu wechseln. So wie er es jetzt eben gemacht hat. Das sind fast alles Stammgäste, das habe ich an ihrem Verhalten beobachtet. Das merkst du an der Kommunikation. Er geht aber zu allen hin.

Wie gehst du in deinem Restaurant damit um?
Das hängt von meiner Stimmung ab. Manchmal gehe ich nur zu denen, die ich kenne. Das ist natürlich taktisch unklug von mir, weil sich dann die anderen Gäste benachteiligt fühlen. Die bezahlen doch auch für ihr Essen und für ihren Abend bei mir.

Für mich ist dein Verhalten verständlich.
Die Leute, denen es nicht gefällt, dass du nicht an ihren Tisch kommst, brauchen doch nur öfters zu kommen, und dann werden sie auch Stammgäste und dann kommst du auch an ihren Tisch.
Das habe ich mir auch gesagt, aber eigentlich ist diese Haltung arrogant. Es gibt ja Leute, die können sich das nicht sooft leisten und wollen die Zuwendung schon beim ersten Mal haben. Sie kaufen ja nicht nur das Essen, sondern sie wollen ja auch vielleicht den Chef kennenlernen, oder wenigstens, dass er sic fragt: hallo, gefällt es Ihnen bei uns?

🍽 RICOTTA-KLÖSSCHEN MIT SPINAT UND SALBEIBUTTER (NUDIS)

EINKAUFSLISTE
Teig: 1 kg frischer Ricotta, 250 g Spinat (gekocht, fest ausgedrückt und fein gehackt), 3 Eier, 100 g Mehl, Salz, Pfeffer, Muskat
Service: 150 g geriebenen Parmesan, 50 g Butter, frischer Salbei

↘ *Alle Zutaten in eine Schüssel geben und gut vermengen, abschmecken und pro Person 3 Klösschen abstechen.*

↘ *Die „Nudis" werden in einem flachen Topf mit leicht gesalzenem Wasser für ca. 4 bis 5 Minuten gegart. Das Wasser darf nur leicht köcheln.*

↘ *Mit einem Schaumlöffel die „Nudis" vorsichtig aus dem Wasser nehmen und auf dem Teller anrichten. Die Butter mit dem Salbei (leicht gebräunt und gesalzen) über die „Nudis" geben und mit geriebenem Parmesan servieren: Simpel und trotzdem total geil!*

DIE REISE ZU DEN PATRONS

Die Schatzkammer Lyons. Konzentriert an einem Ort findet der Profi alle Kostbarkeiten der Region – aus erster Hand von den besten Herstellern und Händlern

Manchmal kommen Gäste zu mir, die möchten zwei Menus für drei Personen haben, sie möchten sich das teilen, weil sie vielleicht nicht soviel essen können oder wollen. Sie fragen dann, ob das gehe. Dann gehe ich an ihren Tisch und sage, das gehe schon, aber ich würde dabei ein schlechtes Geschäft machen. Und dann bestellen sie drei Menus. Ich habe die Erfahrung gemacht, dass ein ehrliches Wort nie falsch ankommt.

Wenn ich eine ehrliche Ansage mache und die nicht so ankommt, habe ich verloren. Oder der andere, einer von beiden.

Aber dieses Risiko gehe ich ein.

Du sagtest mir, Ducloux habe verkauft. Warum geht er noch von Tisch zu Tisch und begrüsst die Gäste?

Er hat den Laden verkauft. Er ist alt und seine Crew hatte ihn wohl betrogen. Sie haben die Waren an der Kasse vorbei geschoben, es gibt da viele Möglichkeiten. Du kaufst 15 Kilo Rinderfilet und verkaufst nur fünf. Der Rest ist plötzlich nicht mehr da. Und so weiter. Die Erträge gingen zurück, der Laden machte minus. Er hatte die Kontrolle verloren und es war auch an der Zeit zu verkaufen. Jetzt arbeitet er hier noch, obwohl das Restaurant ihm nicht mehr gehört. Die neuen Besitzer haben einen Vertrag mit ihm gemacht, dass er noch einige Zeit dableiben soll, weil der Laden mit ihm und durch ihn lebt. Die Gäste kommen seinetwegen hierher, weil er eine Institution ist und ein Original. Ein richtiger Grand Seigneur, sozusagen...

...der jeden Abend die Kochmütze noch mal anziehen muss?

Er muss nicht. Sie haben gesagt; bitte, bitte, mach das, weil sonst die Stammgäste wegbrechen. Sie machen jetzt einen sanften Übergang. Auf der linken Seite der Karte sind die neuen Sachen, auf der rechten die alten, von ihm erfundenen Gerichte. Du kannst nicht von heute auf morgen alles neu machen. Dann sind die alten Gäste weg und die neuen noch nicht da.

Wir wählen natürlich die alten Sachen.

FRANZ KELLER

IN EINEM BISTRO AUF DEM GROSSEN PLATZ VON LYON

Nach der Station bei Ducloux kam ich hier nach Lyon zu Lacombe ins Restaurant „Léon de Lyon". Bei Ducloux war ich ein Jahr und habe die ersten Grundzüge französisch gelernt. Und dann wollte ich zu Bocuse. Und Bocuse sagte, nein, du musst erst noch woanders hin, weil ich dich im Augenblick noch nicht gebrauchen kann. Er hatte dann herumtelefoniert und zwei Stunden später hiess es: geh zum alten Lacombe, der kann dich gebrauchen. Und der hat mich empfangen und gesagt, was machen wir jetzt? Ich war ja praktisch einfach so gekommen, ohne Anmeldung. Er sagte, er habe eine Wohnung, da könne er noch ein Bett hineinstellen und dort könne ich schlafen. Und dann habe ich dort gearbeitet. Der Lacombe war beliebt unter den ganzen grossen Köchen, obwohl er gar kein Koch war, sondern Metzger. Im Grunde genommen haben die ihn alle nur bewundert, weil er der einzige war, der Geld verdient hatte. Die anderen grossen Köche haben alle nur für den Glorienschein gearbeitet, auch damals schon, und er hat gut gekocht, auch schöne Sachen gemacht, und er hat Geld verdient. Er hat immer damit angegeben, dass er alles „schwarz" macht. Lacombe trug immer gerne – genau wie mein Vater – viel Bargeld mit sich herum. Mein alter Herr in der Brieftasche, Lacombe in einer dicken Rolle mit einem Gummiring drumherum. Hat wohl was, gibt Sicherheit und macht Eindruck bei den anderen. Ersteres kann ich auch von mir bestätigen. Ich würde nie ohne Bargeld aus dem Hause gehen, für mich unvorstellbar. Ich hasse Kreditkarten und Plastikgeld!

Das Finanzamt war zwei Häuser gegenüber und die Beamten waren oft mittags bei ihm essen. Mit ihnen trank der gerne einen Aperitif. Und weißt du, was die gemacht haben? Die haben ihn observiert.

Wie kamst du darauf?

An irgendeinem Montag war ich zu früh da, so gegen viertel vor Neun. Die Parkplätze vor dem Lokal waren voll mit Autos besetzt, aber mit Menschen darin. In Zivil. Sie haben Zeitung gelesen. Mir ist das merkwürdig vorgekommen. Dann kamen meine Kollegen. Der „Alte" kam zehn Minuten später. Er war auf dem Land mit seiner Frau und ist zu spät losgefahren, weil Montag

🍽 HUMMER-KRABBEN-SCHWÄNZE MIT PENNE IN CURRY

EINKAUFSLISTE

1 Karotte, 1 Sellerieknolle, 1 Zucchini, 16 Hummerkrabben-Schwänze, 2 Schalotten, 1 Zehe Knoblauch, 1 EL Curry, Salz, Pfeffer, 2 Becher Crème fraîche, 1 Bund Petersilie, 1 Bund Schnittlauch, 400 g Penne (Nudelsorte)

↘ *Aus Karotte, Sellerie und Zucchini von Hand feine Streifen schneiden. Die Hummerkrabbenschwänze in daumendicke Stücke schneiden und in heissem Olivenöl kurz aussautieren. Schalotten und Knoblauch hacken und zugeben. Alles zusammen kurz sautieren, nun ausbrechen, dann die Gemüsestreifen zugeben und mit Curry, Salz und Pfeffer würzen. Hitze reduzieren und unter Rühren Crème fraîche zugeben.*

↘ *Während man die obigen Zutaten noch ziehen lässt, kocht man die Penne al dente. Die Kräuter fein hacken.*

↘ *Penne nun zugeben, eventuell etwas nachwürzen, die Kräuter zufügen, alles zusammen nochmals aufkochen lassen, in die vorgewärmten Teller geben und obenauf je einen Teelöffel Crème fraîche setzen.*

DIE REISE ZU DEN PATRONS

Ente auf klassische Art, im Entenschmalz langsam gegart. Keller im Gespräch mit Jean-Paul Lacombe, Sohn seines Lyoner Lehrmeisters Paul Lacombe. Generationswechsel im „Léon du Lyon"

morgens immer Verkehrschaos war. Er kam mit dem Schlüssel in der Hand, mit seinen Zeitungen unterm Arm und begrüsste uns mit den Worten „Salut, mes gardes, seid ihr alle da, wunderbar". Er machte die Tür auf und in dem Moment gingen in den Autos die Türen auf und alles war voll von Menschen. Es waren etwa zwanzig Leute. Steuerfahndung. Wir mussten uns alle mitten ins Lokal setzen und der Lacombe ist grau geworden im Gesicht. Grau. Ich dachte, der fällt um und stirbt. Wir mussten zweieinhalb Stunden sitzen bleiben. Wenn einer auf die Toilette wollte, ist ein Steuerfahnder mitgegangen und die Türe blieb offen. Wir durften nicht kochen und nichts. Wenn die Lieferanten kamen, mussten sie die Ware auf den Tisch stellen und den Lieferschein abgeben, danach durften sie verschwinden. Die Fahnder haben den ganzen Laden auseinander genommen. Sie wollten die Schubladen seines Schreibtischs sehen. Er sagte, er habe keinen Schlüssel dabei. Die Fahnder sagten: kein Problem. Und sie brachen die Schlösser der Schubladen auf. Sie fanden Scheckbücher und Kontobelege von Konten in der Schweiz. Der „Alte" hatte dort ein kleines Chalet und fuhr alle vier Wochen in die Schweiz. Mit einer Tasche voll Geld. Und er bewahrte die ganzen Belege im Betrieb auf, in den Schubladen seines kleinen Sekretärs.
Im Laufe von zwanzig, fünfundzwanzig Jahren war er schlicht und ergreifend unvorsichtig geworden. Und ein halbes Jahr später, da war ich schon bei Bocuse, bekam er einen Schlaganfall, mit Blutsturz und ist gestorben. Bocuse sagte, er sei an seiner Cleverness und am Finanzamt gestorben. Sein Sohn Jean-Paul, mit dem ich befreundet bin, hat noch zehn oder zwölf Jahre lang bezahlt. Die Familie hat dadurch fast ihr Vermögen verloren.

Du hast, als wir in den Hallen von Lyon waren, erzählt, dass hier deine Initialzündung erfolgte – in Bezug auf dein Wurstmachen und so weiter.
Ich war ja vorher in einem Laden, der High-Level gemacht hat, grosse Küche, und dann kam ich durch Zufall zu Lacombe. Und Lacombe war der Clevere, der hat den Linsensalat gemacht mit der Saucisson de Lyon (Lyoner Wurst). Er stellte, wenn Kanadier hereinkamen, eine Kanadische Fahne auf den Tisch.

DIE REISE ZU DEN PATRONS

Die legendäre 22 Kilo-Terrine. Damals wurde sie, gefüllt mit Lyoner Wurst und Linsensalat, unzählige Male am Tag über zwei Etagen geschleppt. Fitnessstudio für Kellner

Sein Publikum war international. Er hatte dieselben Gäste wie die grossen Köche mit zwei oder drei Sternen. Er selbst hatte auch einen Stern. Er war aber so schlau und sagte: ich mache die ganz einfachen Spezialitäten, an denen man noch etwas verdienen kann.

Bei ihm gab es den Salat von Schafsfüssen, die Füsse gekocht und als Salat angemacht. Und das Höchste der Gefühle war die Poularde de Bresse. Dann hat er dieses Steak Poêlée gemacht, also einfache, aber gute Produkte zu Höchstpreisen verkauft und ein Riesengeld damit verdient. Zum Beispiel die Kutteln nach Lyoner Art (Tripes oder Gras double Lyonaise), das damals ein Arme-Leute-Essen war. Das hatte ausser ihm kein Mensch gemacht. Die grossen Köche hätten sich nie getraut, so etwas in ihren Restaurants anzubieten. Aber sie haben ihm die Leute zugeführt, indem sie sagten, wenn ihr mal essen wollt, wie die Lyoner vor hundert Jahren gegessen haben, dann müsst ihr zum Lacombe.

Er hatte mittags und abends 80 Couverts, und das auf zwei Etagen. Und im dritten Stock war die Küche. Wir haben dort unter unmenschlichen Bedingungen gearbeitet. Sie war vielleicht 15 qm groß, mit Spüle und allem drum und dran. Und das Essen ging mit einem Lift hinunter. Eins der Gerichte war die Lyoner Wurst, und das war auf einer Silberplatte in einem Messingschwein angerichtet, mit einem Deckel drauf. Das Schwein und die Platte allein haben 22 kg gewogen. Sie ging nicht in den Lift, die Kellner mussten sie die Treppe hinunterwuchten und wieder hinauf. Das war eine Riesenshow, für die Japaner beispielsweise – und dies damals schon. Der Kellner hat den Deckel gelupft, zuerst kam der Dampf heraus und die Japaner haben vor Begeisterung gegackert wie die Hühner. Dann hat der Service die Würste herausgeholt und den Linsensalat und dann ging's wieder nach oben zur nächsten Runde. Das Ding ging während eines Services sechzig, siebzig Mal rauf und runter. Und der Alte stand am Pass oben und hat immer wieder mit seiner Serviette am Kupferschwein poliert, damit es strahlte wie seine Geldrolle. Das war seine Geldmaschine. Als ich dies immer wieder beobachtet hatte, dachte ich mir, was brauchst du Trüffel und diesen ganzen Zirkus, du machst einfach ein supergutes Produkt, und das machst du richtig, zu einem guten Preis. Ich kann ja an einem einfachen Gericht, was nur 18 Euro kostet, mehr verdienen als an einem Spitzengericht für 45 Euro. Wenn du es richtig machst.

Und da kam bei mir damals schon, irgendwann, die Erkenntnis, dass zwei, drei Sterne für den Glorienschein reichen, aber nicht zum Geldverdienen. Vergiss es. Das wusste ich damals schon, und da war ich 22.

Hast du dir denn schon, als du hier warst, mit 22, alles abgeschaut im Sinne von: das mache ich eines Tages selbst?

Nur. Ich habe nur abgeschaut. Hier habe ich mir mein Basiskonzept abgeschaut. Das Rezept vom Apfelkuchen, den ich seit 20 Jahren mache, kommt aus dem Lokal von Lacombe. Er sagte damals zu mir: Du kommst jetzt in die besten Läden der Welt. Aber schau dir die Sachen an, die ich mache. Die sind gut, und: du kannst damit Geld verdienen, die anderen machen Trüffel und kriegen Fotos und Artikel in den Zeitungen wie „Paris Match", aber sie verdienen nichts. Und das fand ich clever.

IN LYON BEI JEAN-PAUL LACOMBE IM „LÉON DE LYON" – WIR ESSEN ZUSAMMEN

Hier habe ich zum ersten Mal gelernt, dass es nicht nur Zwiebeln gibt, sondern auch Eschalotten. Das sind kleine, bläuliche, sehr milde Zwiebeln, die viel besser sind, weil man sehr viel schönere Sachen damit machen kann. Sie werden ein bisschen in Schweineschmalz sautiert, das nachher weggeworfen wird. Und in frischem Schweineschmalz werden sie warm noch mal vermischt, damit die Aromen sich besser entfalten. Das Brot, was du hier isst, ist mit Schweineohren gemacht. Das sind die kleinen weissen Schnitzer, die wie Mandelsplitter aussehen. Und das Grüne sind Pistazien. Ist doch eine geniale Idee, oder?

Die Schweineohren werden in einem Sud gekocht und ganz klein gewiegt mit einem Wiegemesser. Ein bisschen Schmalz ist drin, aber nicht zuviel, auch Olivenöl. Und das isst du wie ein Brot. So kannst du das den Leuten verkaufen. Wenn jetzt hier ein ganzes Schweineohr auf dem Teller läge, würden die Leute heraus rennen. Was zeigt uns das? Du musst nur was draus machen, und fertig.

ROCHEN

EINKAUFSLISTE

Pro Person je 1 Flügel von frischen Rochen. Für den Pochierfond Weisswein, Fenchel, Schalotten, Petersilienstengel, Sellerieblätter und Lorbeerkörner

↘ *Der Rochen ist ein sehr feiner und äusserst delikater Fisch. Ist er nicht mehr frisch, merken Sie es leicht am starken Ammoniakgeruch. Am besten schmecken die Flügel dieses Fisches, die Sie normalerweise abgezogen und ohne Haut bekommen – wenn Sie ihn pochieren wollen.*

↘ *Ein reichlich zubereiteter Pochierfond, mit nicht gesparten Zutaten wie Weisswein, Petersilienstengel, Fenchel, Lorbeeren, Schalotten, und Sellerieblätter ist von Nöten. Am liebsten habe ich den Rochen dann nach dem Pochieren, wenn sein zartes Fleisch in grossen Stücken von den Flügelgräten abgehoben wird und auf einer Lauchjulienne angerichtet wird. Dann stellen Sie auf der Basis des durchgesiebten Pochierfonds und kleingehackten Schalotten eine Beurre Blanc her, die Sie noch mit frischem trockenen und säurebetontem Weisswein und einem kleinen Schuß Weissweinessig aufpeppen. Die Rochenflügelfilets damit napieren und essen; ein Traum!*

DIE REISE ZU DEN PATRONS

Das Restaurant „Leon de Lyon". Die Fassade ist scheinbar unverändert. Die Klassiker sind heute aufs Beste und Feinste veredelt: Crêpinette mit Schweinsfuss und Gänseleber. Hochgenuss von Jean-Paul Lacombe

Lyon und Wurst ist unzertrennbar. Hier gibt es eine Blutwurst im Brigg-Teig. Er kommt aus Algerien. Die Wurst wird in den hauchdünnen Teig gepackt und kurz durchs heisse Olivenöl gezogen. Gänseleber als Amuse Geule finde ich einfach schwachsinnig. Beim Amuse Geule kann der Koch üben, mit einfachsten Mitteln teure Sachen zu machen. Wobei er sich manchmal schämen würde, das auf der Karte zu verkaufen, weil es so simpel ist. In Sternelädern muss es aber immer das teuerste Grundprodukt sein. Das ist das, was ich eigentlich hasse. Ich finde, auch aus einfachen Produkten muss man etwas Tolles machen können.

Du hast mir erzählt, dass Jean-Paul Lacombe, eine akademische Ausbildung genossen hat. Jetzt läuft er hier aber wie ein Chefkoch herum.

Er wollte nie in die Gastronomie. Das hatte ihm der alte Lacombe, der bauernschlaue Metzger, vergällt. Er war gegenüber dem Personal extrem hart. Ich habe ein halbes Jahr lang Rotwein fürs Personal zum Abendessen getrunken und mich gewundert, dass ich der einzige bin. Bis irgendwann einmal ein Kellner mir erzählte, dass man hier in der Küche keinen Weisswein und keinen Rotwein trinken sollte. Die Reste aus den Flaschen der Gäste wurden zusammengeschüttet mit einem Trichter, und das war dann unser Personalwein.

Wie sah das Personalessen aus?

Es gab zum Beispiel Andouillette – eine Kuttelwurst, aus Pansen. Der wird supersauber gewaschen, dann gibt man Petersilie, Knoblauch und Gewürze dazu. Die Darmstücke werden in Tranchen geschnitten und in einen anderen Darm gestopft. Das ist praktisch eine Darmwurst im Darm. Diese Andouillete ist eine sehr extreme Sache. Es ist eigentlich der Fettdarm. Es gibt Leute, die geraten ins Schwärmen, wie ich zum Beispiel, und es gibt andere, die können sie nicht essen. Diese Andouillette war auch eine Spezialität vom Alten. Am Freitag hatte er sie fürs Personal gekauft. Es gab da eine Billigversion, die nur ein Drittel des üblichen Preises kostete, weil sie nicht so sauber gewaschen war und infolgedessen stank. Das Waschen ist das Teuerste an der ganzen Wurst, deshalb

Kleine Fromagerie in Tournus: Fachsimpeln über perfekt gereiften Käse: Aus welcher Region schmeckt der Ziegenkäse wann am besten?

so billig. Wir haben das widerwillig angenommen. Aber wir hatten kein Geld für anderes Essen und haben oft gegessen, was kam.

Ich finde diese Innereienverwertung nicht besonders Appetit anregend.

Du bist ja auch ein Norddeutscher und die haben eh keine Ahnung vom guten Essen. Innereien sind in vielen Ländern die Spezialität überhaupt. Kein Teil eines Tieres ist schlechter als ein anderer. In der Natur wird auch alles im Kreislauf verwertet.

Aus schlechten Zeiten habe ich sogar noch mitbekommen, wie alles vom Schwein zum Beispiel verwertet wurde – ausser dem Inhalt der Gedärme, der Galle und den Klauenkappen an den Füssen. Selbst die wurden, genauer deren „Zehenspitzen", auf das Messer gesteckt, um damit bestimmte Därme gleichmässig zu schlitzen.

Diese Schweineinnereien schmecken so genial hier. Weisst du, was das Bries ist? Es ist eine Drüse, wie die Lymphdrüsen. Sie sind aber nur bei jungen Tieren vorhanden. Kalbsbries oder Lammbries ist doch was herrlich Geiles, oder? Bei uns sind das alles Abfallprodukte, die meist im Hundefutter landen. Denk doch mal an die Bulleneier oder Hammelhoden. Herrlich!

Interessant.

„Interessant" ist eine Scheissantwort, es war gut oder etwa nicht?

Ich kann dir eines jetzt schon sagen: Am Schluss unserer Reise werden wir beide sagen, hier im „Léon de Lyon" haben wir am besten gegessen. Am kreativsten, am traditionellsten, am besten. Traditionell, kreativ und leicht gleichzeitig.

Und das ist natürlich ein Wahnsinnsspagat – für mein Empfinden.

Wie sieht es hier sternemäßig aus?

Er hat zwei davon. Komm, probier mal das Lamm. Gut, oder?

Nicht denken, Baby, essen.

Was sagst du zum Ambiente hier? Hat es sich verändert oder sah es schon zu deiner Zeit so fein aus?

Es hat sich praktisch alles verändert, aber ich finde es hier – gegenüber den anderen Läden, in denen wir waren – atmosphärisch irgendwo am angenehmsten und am echtesten. Lacombe hat ganz einfach Geschmack.

Unglaublich, was der hier alles investiert hat. Diese fröhlichen Farben hier haben nicht diesen hypermodernistischen Aspekt. Er hat wirklich die Mitte gefunden zwischen der Tradition und heute. In dem Moment, wo du sagst, du willst es so haben, wie es einmal war, hältst du ja die Zeit an, oder du versuchst es jedenfalls. Aber die Zeit kann man nicht anhalten. Die Zeit geht weiter, und zwar in ihrem Rhythmus.

Führt er nur das Erbe des Vaters fort oder macht er auch eigene Sachen?

Jean-Paul hat noch einige Bistros nebenher laufen. Jedes mit einer anderen Aussage und mit einem anderen Anspruch. In seinen Bistros macht er das weiter, was der Alte gemacht hatte. In Lyon heissen die Bistros „Le Buchon", der Korken. Das waren eigentlich Plätze, wo man ein Glas Wein trank und vielleicht noch eine Kleinigkeit dazu gegessen hat. „Bistro" ist nicht Lyonaise, sondern Parisienne. In Lyon heissen diese kleinen Traditionslokale, die mittlerweile ein richtiges Menu anbieten, „Buchon".

Warum ist hier die Pâtisserie so aufwendig?

Wie im richtigen Leben – der letzte Eindruck ist der wichtigste. Nicht der erste, sondern der letzte. Beim ersten Eindruck vom Essen sind die Leute noch nicht so weit zu verstehen, was ihnen geboten wird. Entscheidend ist das Letzte, was hängen bleibt. Süsse Sachen mit Zucker sind ausserdem am leichtesten zu begreifen.

Was ist mit dem Bild, dass die Franzosen auf jeden Fall immer Käse als Dessert haben wollen?

Ein gutes Essen ist für einen Franzosen ohne Käse zum Schluss nicht denkbar. Es gibt Gäste, die essen einfachen Käse und es gibt Gäste, die wollen etwas

ROTBARBEN MARSEILLER ART

EINKAUFSLISTE

Pro Person eine normalgrosse Rotbarbe,
Fischfond, nicht zu stark reduziert,
100 g Schalotten,
400 g Tomatenfleisch,
1 Knoblauchzehe,
4 bis 5 Safranstiele
Salz, Pfeffer,
Butter, Olivenöl

↘ *100 g Schalotten gehackt in Olivenöl und Butter anschwitzen, 400 g Tomatenfleisch ohne Haut und Kerne in nicht zu grosse Stücke geschnitten zugeben. Dann 1 zerriebene Knoblauchzehe, ein wenig Safranstiele (4 bis 5 Stück), Salz, Pfeffer und ein wenig guten Fischfond (nicht zu stark einreduziert) zugeben.*

↘ *Ein flaches Geschirr ausbuttern, den Fisch hineinlegen, bedecken mit dem oben beschriebenen Garsud in einem heissen Ofen schnell garen. Gegrilltes Weissbrot in Scheiben, leicht mit Knoblauch einreiben, den Fisch obenauf legen und nach letztem Abschmecken das Gargut obendrüber geben, servieren.*

Unübersehbar unbescheiden: Das Restaurant „Paul Bocuse" vor den Toren der Millionen-Metropole Lyon

Exquisites haben. Der Käse gehört für die Franzosen zu ihrer Kultur. Jede Region hat ihre Spezialitäten, ähnlich wie beim Wein. Es gibt beispielsweise verschiedene Ziegenrassen in den Provinzen, die nur allein für die Käseherstellung gehalten werden. Und die Franzosen lieben es, nach diesen regionalen Unterschieden zu kaufen, was absolut richtig ist!

Noch was zum Thema Käse: wenn du jemandem, der nur industriell gefertigten Käse gegessen hat, ohne Schimmelpilz oder ähnlichem – sprich absolut neutraler Geschmack, wie ein Reinzuchtschimmel beim Camembert, der nach gar nichts mehr schmeckt und sich anfühlt wie eine Bettdecke – einen Käse mit blauem Schimmel gibst, kann es sein, dass der eine Lebensmittelvergiftung bekommt. Wir wissen ja, dass die Leute heute schon alle möglichen Allergien haben. Das kommt vielfach daher, weil die normalen Abwehrmechanismen des Körpers nicht mehr funktionieren, weil sie nicht mehr gefordert werden. Deshalb kommt es zu dann zu den Überreaktionen – den Allergien.

Als Kind war ich einmal mit meinen Eltern bei Freunden zu Besuch. Auf einem Kohlehaufen turnte ihr Baby herum und lutschte an einem Stück Kohle. Es war ganz schwarz im Gesicht. Die Mutter liess es jedoch gewähren und sagte uns, das Kleine wird das wohl brauchen. Mir ist nicht bekannt, dass das Kind es nicht überlebt hat.

In Deutschland gibt es auch gute Käseläden, aber die Leute hinter der Theke haben oft nicht die geringste Ahnung von den Käsesorten…

… die davor meistens auch nicht.

Das ist hier anders. Ein Käseladenbesitzer, der etwas auf sich hält, kauft nur Sommerkäse. Im Winter hat er nur die Käse, die er im Sommer beschafft hat, und das sind dann die Hartkäse. Spezieller Winterkäse wird hier selten von den Kunden verlangt. Die Käse des Frühlings und des Sommers werden aufgegessen. Irgendwann im Herbst fängt man dann an, den Hartkäse zu essen.

Und im Frühjahr geht es wieder mit dem Frischkäse los.

Im Rhythmus der Natur eben, da haben wir es wieder.

FRANZ KELLER

IN LYON BEI PAUL BOCUSE
IN DER „L'AUBERGE DU PONT DE COLLONGES"

Wenn ich mir das hier anschaue, komme ich mir vor wie ein König. Ich kann mir vorstellen, dass Könige früher so bekocht wurden wie wir jetzt. So einen Aufwand und so eine Perfektion habe ich mir bislang nicht vorstellen können.

Das ist in der Tat eine Königsnummer hier. Die Deutschen sind eifersüchtig auf Bocuse. Sie schreiben schlecht über ihn, wo immer sie nur können.

Schau auf den Wagen, der hier voll steht mit Speisen, alles frisch gekocht.

Als ich hier war, waren es drei von diesen Wägen mit dem Allerfeinsten, was man sich überhaupt vorstellen kann. Wenn einer der Wägen nur etwas angegessen war, wurde der zurückgerollt und sofort kam der nächste heraus.

Ich habe den Eindruck, dass die Franzosen, bzw. die Gäste, die hierher kommen, Bocuse mit sehr viel Respekt und sogar Verehrung begegnen.

In Frankreich gibt es die Tradition, dass das Publikum seine Stars und seine Köche verehrt – viel stärker als in Deutschland. Wenn es in Frankreich einer bis zum Patron schafft, so dass das Personal und die Gäste ihn mit „Patron" ansprechen, behält er diesen Titel bis zum Tod. In Deutschland wirst du demontiert. Irgendwann wirst du in Deutschland als Koch geschasst und abgewählt. Das würde in Frankreich niemals passieren. Die Franzosen halten ihre Leute hoch. Natürlich ist der Bocuse so perfekt, weil er immer noch dasteht und aufpasst, dass nichts passiert. Auch wenn er und Ducloux seit 30 Jahren immer dasselbe kochen lassen, würde das denen nie jemand übel nehmen. Die Franzosen sagen dann einfach „c'est une institution".

Wie kommt es, dass die „Französische Küche" so extrem verfeinert ist? Was sagst du, der in Frankreich und auch in Italien gearbeitet hat, dazu?

Die Franzosen lieben das eben. In Frankreich war die gehobene Küche, die Haute-Cuisine, meist zentralistisch – im Gegensatz zu Italien. In Frankreich waren die besten Köche, die besten Komponisten, die besten Maler, die besten Schneider fast immer in Versailles.

 SAIBLING-FILETS

EINKAUFSLISTE
Pro Person 1 Saiblingfilet (als Hauptgericht), Butter, Salz, Mehl, Petersilie, Zitronensaft

↘ *Ein wunderbarer feiner Fisch, den ich dem Lachs auf jeden Fall vorziehe, von den sogenannten Lachsforellen möchte ich gar nicht erst anfangen... Der Saibling gehört zur Lachsfamilie, lebt in den Alpenseen Mitteleuropas und auch im hohen Norden. Ab und zu bekomme ich diesen Fisch auch als See-Saibling aus Norwegen*

↘ *Die klassische Art, ihn einfach leicht zu mehlieren, zu salzen und ganz in Butter vorsichtig zu backen, ist die Beste. Auf dem Garpunkt ausrichten und neue Butter in der Pfanne erhitzen mit feingehackter Petersilie und Zitronensaft zum Schäumen bringen und essen.*

↘ *In Meersalz mehlig gekochte, fast zerfallene Kartoffelstücke mit etwas Butter und Schnittlauch geschwenkt dazu und es fällt Dir wirklich nichts Besseres mehr zu essen ein.*

SEEZUNGE

↘ *Die beste Art sie zuzubereiten ist die „à la Meunière", also wie beim Saibling beschrieben. Auch ein wahrhaft königlicher Fisch. Sie sollten aber nur anständig grosse Exemplare kaufen ab 350 g. Kleinere Fische anzulanden ist ein Frevel, den man nicht durch den Kauf unterstützen sollte.*

Salonlöwen und ausgedienter Brückenlöwe - Bocuse führt beide zusammen - vor und in seinem Restaurant. Ein Abend bei Bocuse mit stattlichem Menu und gezügelter Weinauswahl macht 250 Euro pro Kopf. Andere Drei-Sterne-Restaurants sind wesentlich teurer

Alle Kultur und natürlich auch die Dekadenz entwickelte sich hier und ging von hier aus. Die Küche konnte sich auf diese Weise extrem verfeinern. In Italien gab es Jahrhunderte lang unendlich viele Stadtstaaten und jede Menge Könige und Herrscher gleichzeitig. Die Künstler und Leute, die die Kultur geschaffen haben, waren mehr verteilt, an verschiedenen Höfen.

So kommt es, dass die italienische Küche viel bodenständiger geblieben ist, einfacher, nicht so raffiniert, aber auch nicht so dekadent. Schau dir Arrigo Cipriani von Harry's Bar in Venedig an. Er hat sehr viel für die italienische Küche getan. Er ist ein Pionier der Europäischen Esskultur. Irgendwann vor 40 Jahren hat er das Carpaccio erfunden. Es ist ein fein geschnittenes rohes Rindfleisch, das extrem teuer verkauft wird. Cipriani hat es nach dem italienischen Maler Carpaccio genannt, dessen rote Farbe er auf einem Bild gesehen hatte. Du findest es heute fast überall, es wird wie eine Delikatesse gehandelt. Ich kann hier beim besten Willen nicht von verfeinerter Hochküche sprechen, sondern von einem einfachen, bodenständigen Gericht.

Was sind das für Fotos hier an der Wand?

Der dicke Kerl ist Fernand Point, das war Bocuse Lehrchef in Vienne. Dort hat er seine Lehre gemacht. Daneben ist dessen Frau zu sehen. Sie hat den Alten mindestens um zwanzig Jahre überlebt, weil der sich den Kragen abgesoffen hat mit Champagner. In seinem Weinkeller hatte er ein Bett stehen und ein Klo. Dort unten hat er die letzten Jahre gelebt. Er hatte immer so ein grosses Tuch um den Hals als Fliege. Das haben sie ihm jeden Tag gebunden. Sie haben ihn gehegt und gepflegt und ihn bei guter Laune gehalten. Er war ein zweieinhalb Zentner Mann und konnte sich nicht mehr selber anziehen.

Sein Trauma war, dass er nicht gern allein war. Deshalb musste immer einer von der Mannschaft zu ihm herunter und mitsaufen. Sein liebster Kompagnon beim Saufen war sein Spüler. Der ist nach seinem Tod der Sommelier des Ladens geworden. Der hat natürlich die ganzen Weine bestens gekannt. Hier an der Wand hängt ein Foto, wo ihn sein Oberkellner auf die Stirn küsst. Das ist eine

Schon zu Lebzeiten eine Legende, die ihren Platz in den Geschichtsbüchern finden wird, zeigt sich Monsieur Paul schon jetzt in Öl auf der Fassade seines Hauses

Unterwerfungsgeste wie bei einem Wolfsrudel. Er blieb für seine Leute immer der Chef, obwohl er sich vor lauter Fettsein nicht mehr bewegen konnte. Wenn er schlecht gelaunt war, konnte es passieren, dass er zum Beispiel irgendwelche Engländer, die verspätet mit dem Auto kamen, vor die Alternative stellte, das ganze Küchenpersonal noch mal antreten zu lassen, um neu für sie zu kochen oder zu gehen. Die Engländer fragten dann nach einer Kleinigkeit. Und er sagte: Kleinigkeiten haben wir nicht. Drehte sich um und liess sie stehen. Point war ein irrer Typ. Und Paul Bocuse war sein schlimmster Schüler.

Früher wurde in unserer Zunft noch geprügelt. Die Lehrherren prügelten die Lehrlinge, das war ganz normal. Bocuse hat am meisten Prügel bekommen, weil er nie gemacht hat, was der Alte sagte. Später hat er es weitergegeben an seine Schüler. Ich war zu einer Zeit bei Monsieur Paul, wo er selber immer unter Strom stand. Und wenn etwas nicht lief wie er es wollte, hat er die Kupfercasserole genommen und durch die Küche geworfen. Die Casserole allein wog schon gut sechs Kilo. Sie flog über den Herd und hat dabei noch drei, vier andere mit heruntergefegt. Wir haben uns an der Herdstange festgehalten und geduckt. Das Geschoss ist an uns vorbeigerauscht, aber wenn es einen am Kopf getroffen hätte, wäre der hin gewesen.

Bei ihm hat Bocuse seine Haltung abgeschaut, immer in die Vollen?
Durch Points schlechtes Vorbild hat er einen Hass auf Alkohol entwickelt. Ich habe Bocuse noch nie betrunken gesehen. Alkohol interessierte ihn nicht. Als ich hier arbeitete, hatte er eine Weinkarte, die war äusserst bescheiden, fast am Rande der Peinlichkeit. Sein Genuss bezieht sich nur aufs Essen und auf schöne Frauen. Durch die Zubereitung und seine Kunst der Präsentation des Essens befriedigt er seinen Perfektionismus.

Was war Bocuse für ein Typ, wie sah er damals aus?
Du hättest ihn sehen sollen, mit seinem schmalen Bärtchen. Wie dieser amerikanische Schauspieler, der allerdings immer Mundgeruch gehabt haben soll.

FRANZ KELLER

Clark Gable?

Clark Gable als Nazi, so hat er ausgesehen und er war ganz, ganz brutal, wie es seine Chefs auch gewesen waren. Die Mannschaft hat ständig Prügel bezogen, etwas an die Ohren bekommen oder wie auch immer.

In der Zeit, als ich dort war, hat er das langsam abgebaut.

Hat dir die Arbeit Spass gebracht?

Ich sag dir, wir haben hier gearbeitet wie die Ochsen. Von morgens um halb neun bis mittags um vier. Und um halb sechs ging's weiter bis nachts halb zwölf oder zwölf. Und ich habe sechs, sieben Wochen am Stück gearbeitet, weil der Laden nie zu machte, nie. Ich habe solange gearbeitet, weil ich davon ausging, dass ich dann eine Woche frei bekommen würde. Der Alte gab mir aber nur drei Tage frei und meinte, das müsse reichen. Ich habe die drei Tage freigemacht und war am vierten wieder da. Niemand hat es gewagt, sich nicht an die Anweisungen zu halten, die er gemacht hat. Ich auch nicht.

Gab's auch gute Zeiten?

Na klar, die gab's auch. Zu seinem 50sten Geburtstag wurde er von „Moët Chandon" zu einer riesigen Public-Relation-Tour durch mehrere amerikanische Städte eingeladen – mit 36 seiner Schüler. Ich war auch dabei.

Wir wurden nach Las Vegas, Chicago und Orlando geflogen, jeden Tag in eine andere Stadt. Jeden Abend gab es ein Riesenbankett und überall wurde sein 50ster Geburtstag gefeiert, als wenn er gerade an diesem Tag Geburtstag hätte. In Wirklichkeit war aber sein Geburtstag ein paar Tage später, doch mit den Amerikanern haben wir schon einmal vorgefeiert.

Als wir morgens um vier in Las Vegas ankamen, stand der Hoteldirektor am Bus und holte uns ab. Er begrüsste alle mit Handschlag. Die Brigade wurde erst mal zum Ausruhen bis mittags um zwei ins Bett geschickt. Ich bin natürlich nicht ins Bett gegangen sondern zum Zocken. Das war ja wie ein Kindergarten für Erwachsene. Ich hatte wenig Geld und habe dort Leute getroffen, die Französisch sprachen. Du musst dir das mal vorstellen, ein Araber, ein Jude und ein Deutscher sitzen in Las Vegas zockenderweise am Tisch und

🍽 SEEZUNGENFILET AUF KOPFSALAT IN CRÈME FRAÎCHE

EINKAUFSLISTE
6 Seezungenfilets, 4 Kopfsalate,
4 EL Radieschenkeimlinge,
1 Kopf Radicchio, 2 Schalotten,
3 Zitronen, 1 Becher Crème fraîche,
Vinaigrette: Olivenöl, Weissweinessig, Zitronensaft, Petersilie

➤ *Am Kopfsalat die äusseren, nicht zu verwendenden Blätter entfernen, dann vorsichtig, ohne den Salat zu zerbrechen, das innere Gelbe mit Herz herausschneiden. In einer Schüssel mit Wasser den Salat vorsichtig waschen und das Herz in einzelne Blätter zerlegen, um es ebenfalls zu waschen.*

➤ *Mit dem Inneren nun den Salat mit Radicchiostreifen, Schalotten, Radieschenkeimlingen und ganz wenig Vinaigrette anmachen.*

➤ *Seezungenfilets in Stücke schneiden, in etwas Mehl wälzen und in Butter braten. Zusammen mit der Salatmischung in den auseinandergedrückten Salatkopf geben. Die Seezunge sollte noch warm serviert werden.*

➤ *Crème fraîche mit Zitronensaft vermischen und mit frisch gemahlenem weissen Pfeffer würzen und in feinen Streifen gut auf dem Salat verteilt anrichten. Radieschenkeimlinge obenauf verteilen und servieren.*

DIE REISE ZU DEN PATRONS

Das Dessert bei Bocuse ist sensationell aufwendig zubereitet und wird perfekt präsentiert. Franz Keller hat aus seiner Zeit bei Monsieur Paul die Erkenntnis gewonnen, dass beim gutem Essen nicht der erste Eindruck zählt, sondern der letzte

reden französisch. Sie liehen mir Geld, damit ich mithalten konnte und später, weil ich viel gewonnen hatte, konnte ich meine Schulden zurückzahlen.

An einem Tag während dieser Promotion-Tour hatten wir frei. Ich nutzte die Gelegenheit für einen Hubschrauberflug über den Grand Canyon. Der Pilot fragte mich, ob ich Lust auf eine spirituelle Erfahrung hätte. Er setzte mich dann auf so einem Felsen ab, der wie eine riesige Säule aus Sandstein in die Höhe ragt, eines dieser Dinger, die man aus den Western kennt. Die Plattform des Felsens war vielleicht drei, vier Meter im Durchmesser und der Hubschrauber setzte nur mit einer Kufe auf. Ich fragte den Piloten, wann er mich wieder abholen würde. Wir vereinbarten in einer Stunde.

Wie war deine spirituelle Erfahrung?
Die erste halbe Stunde war sensationell, das war ein wirklich erhabenes Gefühl, mitten in Amerika auf so einem Felsen zu sitzen. Nach einer halben Stunde wurde mir langsam mulmig. Der Pilot kam erst nach zwei Stunden wieder, nicht wie verabredet nach einer. Ich bin in den letzten anderthalb Stunden fast gestorben vor Angst, ich habe noch nie vorher in meinem Leben und auch nie wieder danach so eine Angst gehabt.

Wie denkst du jetzt über dieses Erlebnis?
Ich erzähle das, weil ich indirekt Monsieur Paul dieses Erlebnis zu verdanken habe. Immer wenn es irgendwie brenzlig wird, denke ich an mein Angstgefühl von damals zurück und dann taucht aus dem Schatten meiner Angst Bocuse auf und rettet mich. Ungefähr so.

Kannst du auch auf Erlebnisse mit Monsieur Paul, wie du ihn nennst, zurückblicken, die weniger schaurig sind?
Als ich im „Léon de Lyon" gearbeitet habe, heiratete die Tochter vom alten Lacombe und die ganzen Grössen aus der Szene waren eingeladen. Der Bobos aus Villefranche, ein Metzger und bester Wurstmacher, Bocuse, Ducloux, Chapelle,

DIE REISE ZU DEN PATRONS

Stars and Stripes & Bleu, Blanc, Rouge: Zander auf Beurre Blanc mit Linsen und Speckstreifen – Deftiges trifft auf Feines. Monsieur Paul ist natürlich nicht damit einverstanden, dass Keller nicht mehr nach den Sternen greift und seinen eigenen Adler fliegt

die Brüder Troisgros und so weiter. Die Hochzeit war in der Kirche um die Ecke vom Restaurant, du kennst sie, wir haben sie besichtigt. In dieser Zeit ging es los mit diesen Camcordern, diesen Filmkameras, die es auch den Amateuren ermöglichten, Filme zu machen. Es waren noch Riesenapparate, und wer es sich leisten konnte, hatte nicht nur Fotos gemacht sondern gleich einen Film gedreht. Der Pfarrer in der Kirche sagte gleich zu Beginn der Zeremonie, dass das Fotografieren und Filmen während der Trauung verboten sei. Und damit keiner auf die Idee kommen könnte, doch zu filmen, wurde hinten im Kirchenraum ein Tisch bereitgestellt, auf den die Kameras abgelegt werden mussten. Wie in einem Westernsaloon, wo die Revolver abgegeben werden müssen.

Als brave Katholiken folgten wir natürlich alle der Aufforderung des Pfaffen. Bocuse und Bobos standen auf während der Trauung und forderten die anderen auf, mitzukommen. Ich musste auch mit, zum Aufpassen.

Sie haben sich sieben, acht Kameras geschnappt, und wir haben jeder ein paar über den Rücken gehängt und sind in eine Seitenkapelle geschlichen. Bocuse sagte: so, jetzt alle in Reih und Glied hinstellen, umdrehen und die Hosen herunter. Alle liessen die Hosen runter und Bocuse und Bobos filmten die Ärsche mit allen Kameras, die da waren.

Auf allen Filmen waren dann die Hochzeitsszenen, Braut und Bräutigam, wie sie in die Kirche gingen, wie er sie zum Altar geführt hat. Alles war da, und plötzlich gab es einen Schnitt und die Ärsche waren dazwischen.

Bocuse sagte, das müsse sein, um das Ganze wieder mal auf den Punkt zu bringen, um zu zeigen, worum es eigentlich geht.

Mich erinnert Paul Bocuse an eine lebende Figur aus einem Wachsfigurenkabinett. Am Ausgang seines Tempels sitzt er auf einem breiten Lederstuhl und schaut müde wie ein Feldherr nach der Schlacht auf die das Lokal betretenden oder verlassenden Gäste. Ich ging vorbei. Er: Monsieur! Ich: Patron! Das schien er völlig normal zu finden.

Ja, das ist ein gutes Bild. So ist er. Er ist der Pate. Sein eigenes Denkmal.

DIE REISE ZU DEN PATRONS

Alte Männer, grosse Weine. Die Avantgarde in Italien wird älter – sucht sie doch auch ihr Glück mit Tempura und Jakobsmuschel-Sushi. Warum nicht in Italien bleiben?

IN ITALIEN BEI GUALTIERO MARCHESI IN SEINEM RISTORANTE IN ERBUSCO BEI BERGAMO

Wie würdest du die Italiener in Bezug auf ihre Esskultur charakterisieren?

Die Italiener sind sehr konservativ, fast konservativer als die Franzosen. Aber auf eine einfachere und charmantere Art, weil die Franzosen es immer kompliziert machen müssen. Gualtiero hat die Klassik in Frage gestellt und moderne Sachen gemacht. Er hat zum Beispiel auf Spaghetti lauwarme Kaviar-Sauce serviert. Ganz Italien hat den Kopf geschüttelt, aber der Michelin hat ihm drei Sterne gegeben.

Kommen wir zu den klassischen italienischen Gerichten. Was ist hier anders, als das, was man in Deutschland kennt?

Zu klassischen Küche gehört Pasta und ein Sugo aus Tomaten. Und in ein Sugo gehört Zucker. Nur es muss so diffizil eingesetzt werden, dass du es nicht merkst. So habe ich es gelernt. Aber das wird heute nicht mehr beachtet. Heute merkst du es in jeder Tomatensauce bei jedem Italiener. Hier in Italien würdest du es nie als Zucker definieren, und das ist der Unterschied.

Zur Pasta gehört untrennbar Sugo. Was hat es damit auf sich?

Es gibt unendlich viele Rezepte und das ist das Gute: du kannst es jedes Mal anders machen, du kannst immer variieren oder etwas Neues ausprobieren. Das Tomatensugo muss lange einreduzieren, bis zu einer Stunde, damit es diese Konsistenz hat, die die Nudel perfekt umhüllt.

Der entscheidende Punkt ist das Tomatisieren, was heute in jeder Form in der modernen Küche angewendet wird. Du tomatisierst auch die Rinderknochen für deinen Fond, bevor du sie mit Wasser oder Brühe ablöschst, dann aber mit Tomatenmark, weil es intensiver ist.

Für ein Sugo, welches auch immer, fängst du mit Zwiebeln und Knoblauch an. Sie werden mit Tomaten oder purem Tomatenfleisch angeschwitzt, verrührt und solange weitergekocht, bis sie entsprechend reduziert sind. Dann erst giesst du

DIE REISE ZU DEN PATRONS

Gualtiero Marchesi und sein Panoramafenster in die Küche. Durchblick garantiert. Safranrisotto mit Blattgold: sieht edel aus. Ist es auch feiner?

Sahne, Brühe, Wein oder was auch immer an und vollendest mit entsprechenden Aromaten. Das ist das Geheimnis des Sugos.

Wo hast du das gelernt?

Erst mal bei Riccardo Luraschi im „Mirabello di Cantù", nicht weit von Como. Bei ihm war ich mal zum Essen und blieb drei Monate und lernte die Klassik. Am freien Tag ging ich mit ihm und seiner Familie immer gut essen und lernte dabei auch Gualtiero Marchesi kennen. Riccardo und Gualtiero haben mir alles beigebracht was ich über die italienische Küche wissen musste. Sie haben gesagt, dass die Italiener in Deutschland nicht die italienische Küche repräsentieren. Jeder Italiener, der gut kochen kann, muss nicht nach Deutschland, der kann auch in Italien gut davon leben, wenn er sein Handwerk versteht.

Nach Deutschland gingen nur diejenigen, die zu Opel in die Fabrik wollten oder sollten und irgendwann keine Lust mehr hatten am Fliessband. Dann fragten sie die Mama wie sie kocht und machten ein Restaurant auf. Die ersten Italiener, die nach Deutschland kamen, haben für sich und ihre Landsleute gekocht. Es war mit allen Auswanderern so, ob es die Chinesen in der Hamburger Chinatown waren oder die Deutschen in New York. Die haben alle erstmal für sich gekocht.

Was ist das Besondere an der Italienischen Küche? In Deutschland hat jeder „seinen" Italiener, zu dem er mindestens einmal in der Woche hingeht.

Für mich war die in ihrer Art einfache italienische Küche nach der hoch komplizierten, aufwendigen und wahnsinnig ausgefeilten französischen Küche wie Erholung, wie Sommerfrische. Das, was ich in Italien gelernt habe, war genial, einfach und gut. Vom Geschmack her, von den Aromen. Ohne die Komplikationen der Franzosen, die ja heute bei uns in Deutschland noch mehr hoch gekitzelt werden als in Frankreich selbst.

Wenn du heute in ein Zweistern- oder Dreisternlokal in Frankreich gehst, ist das alles relativ simpel gegenüber dem, was du in entsprechenden Läden in

Edler Palazzo, Riedel und Murano Glas, feines Tuch; beste Weine und Fresken an der Wand - bei Gualtiero Marchesi ist alles da

Deutschland bekommst. Die Deutschen übertreiben wirklich alles. Das kann nicht richtig sein.

Nun wollen wir noch etwas über die geliebte Pasta wissen. Hast du das Geheimnis, das viele italienische Köche darum machen, entdeckt?

Ich habe in Italien gelernt, dass du frische Nudeln durch nichts ersetzen kannst. Nudeln, mit der Hand oder auch mit der Maschine gemacht, sind etwas Einmaliges. Nur aus Mehl und Salz gemacht. Mit oder ohne Olivenöl, mit oder ohne Eier.

Du kannst sie ohne Beilage essen, nur mit Butter. Streu ein bisschen frisch geriebenen Parmesan darüber, gib drei gebratene Salbeiblätter dazu, fertig. Beim Parmesan gibt es extreme Unterschiede, wie bei allem. In Deutschland sind meist nur minderwertige Qualitäten erhältlich. Ist ja klar, das Beste behalten die Italiener für sich, würde ich auch so machen. Meinen Kapaun zu Weihnachten serviere ich auch erstmal meiner Familie.

Beim Ricotta sind diese Unterschiede noch extremer. Die Deutschen wissen gar nicht, was Ricotta ist. Sie kennen nur diese weisse körnige Masse aus dem Supermarkt, die ich nicht einmal meinen Schweinen geben würde. In Deutschland bekomme ich ihn nur vom Käsemeister Dalsasso aus der Domäne Mechthildshausen, einem Bioland-Bauernhof bei Wiesbaden.

Was ist mit den Fertigprodukten, die du kaufen kannst?

Gekaufte Nudeln oder Spaghetti sind nur von Barilla und von De Cecco essbar. Das sind die besten. Du musst für Spaghetti die etwas dickeren nehmen. Sie haben 12 Minuten Garzeit. Du brauchst die lange Garzeit, wenn du es richtig machen willst.

Das Geheimnis beim Nudelkochen, das hierzulande niemand weiss, ist, dass du die Nudeln im Salzwasser quasi nur vorkochst. Der eigentliche Garprozess geschieht im Sugo oder in der Sauce. Die Sauce wird also nicht über die Nudeln gegeben wie bei uns, sondern die Nudeln werden zur Sauce gegeben und in der Casserole mit der Sauce nachgegart. Das ist praktisch die chinesische Art – aber was soll's, die Nudeln kommen ja auch originärerweise aus China, oder etwa nicht? Na also.

Was ist der Effekt bei dieser Reihenfolge, worum geht's dabei?
Entscheidend ist, dass die Nudeln mit dem Sugo fast eine homogene Masse bilden. Das Sugo muss die Nudel umhüllen wie ein Kleidungsstück. Wie ein eng anliegendes Kleid oder ein massgeschneiderter, taillierter Anzug. Natürlich mit Nadelstreifen und mit Weste. Und mit Strunz-Tüchlein in der Brusttasche. Die Flüssigkeit des Sugos muss sich, wenn der Garprozess abgeschlossen ist, fast ganz aufgelöst haben. Es darf kein Tropfen Flüssigkeit von der Gabel fallen, wenn du die Nudel aufwickelst. Den richtigen Zeitpunkt abzupassen ist die ganze Kunst, es ist oft eine Sache von Sekunden.

Nicht unwichtig dabei sind ein paar Tropfen des salzigen Nudelwassers, von dem beim Abschütten immer etwas zurückgehalten werden sollte. Diese Kochbrühe kann von entscheidender Bedeutung sein. Die Italiener essen Spaghetti nur mit der Gabel, sie benutzen keinen Löffel zum Rollen, sondern tun dies auf dem Tellerrand. Stell dir vor, ein Tropfen vom Sugo würde herunterfallen, das wäre schlimm, weil die Italiener alle gut angezogen sind, und zwar immer – nicht nur sonntags.

Wir haben jetzt die Italiener und die italienische Küche gestreift. Erzähle uns bitte noch speziell etwas über das Essen in Italien.
In Italien ist die Speisenfolge im klassischen Sinne festgelegt. Du fängst an mit Antipasti. Das kann eine Suppe sein, was auch immer. Dann kommt Pasta, meist sehr schlicht gehalten, wie oben beschrieben. Das Sugo merkst du substanziell gar nicht mehr, es färbt nur die Nudeln und gibt ihnen Geschmack.

Dann wird nach Piattis gezählt: primo Piatto, secundo Piatto und so weiter. Der erste Teller enthält Gemüse oder Beilagen, der zweite das Fleisch oder den Fisch. Beides wird streng getrennt serviert und auch getrennt nacheinander gegessen, wie gesagt, in der klassischen Küche, auf dem Lande, fernab vom Tourismus.

🍽 BARBARIE-ENTENBRUST IN BASILIKUM

EINKAUFSLISTE
1 Barbarieente (für 2 Personen), 3 grosse Fleischtomaten, 10 bis 12 grosse Basilikumblätter, Butter, Pfeffer, Salz

➤ *Aus der Karkasse der Ente stellen wir eine kräftige, kurze Demi-glace mit den üblichen Kräutern und Gemüsen her. 3 grosse Fleischtomaten mit kochendem Wasser übergiessen, abziehen, das Kernhaus entfernen und in Würfel klein schneiden. Nur reifes Tomatenfleisch verwenden.*

➤ *10 bis 12 grössere Basilikumblätter in breite Streifen schneiden. Die Entenbrüste zunächst auf den Brustknochen, zusammen mit den Flügelknochen, braten. Nach dem Anbraten die Entenbrüste auf der Hautseite im Ofen, bei hoher Hitze braten. Im halbrohen Zustand herausnehmen und am Herdrand ca. 10 Minuten stehen lassen. Danach die Entenbrüste von den Brustknochen ablösen und mit der Hautseite in ein Geschirr legen – sie sollten noch blutend sein. Abdecken und vorsichtig warm stellen.*

➤ *In einer Sauteuse die Tomatenwürfel mit Butter ganz leicht schwenken. Die Demi-glace und den Basilikum beigeben. Nicht zuviel, denn es sollte eine klare, leichte Saucenkombination geben, in der nur der Basilikum leicht dominiert. Mit wenig Salz und Pfeffer würzen. Die Sauce in einen Teller geben und die Entenbrust in Scheiben geschnitten darauf heiss anrichten. Etwas Pfeffer aus der Mühle über das Fleisch geben.*

DIE REISE ZU DEN PATRONS

Franz, geh nicht zu weit; vergiss das Blattgold nicht! Lass gut sein, Gualtiero, aber Lardo di Colonnata, ein fetter Nackenspeck aus dem Marmorbottich, ist mir lieber. Schön war's bei dir, aber ich will weiter

Erst wenn der erste Teller mit dem Gemüse aufgegessen ist, wird das Fleisch serviert, völlig nackt auf dem Teller, nur mit der entsprechenden Sauce.

Wenn du dich als Tourist in ein Lokal verirrst, wo noch streng auf die Speisenfolge geachtet wird, kann es passieren, dass du dir etwas vom Gemüse für den Fleischgang aufheben willst. Dann kommt prompt der Kellner und fragt dich, was am Gemüse nicht in Ordnung ist. Es hat also etwas von Trennkost, wenn du so willst, ganz natürlich, über Jahrhunderte entstanden, ohne Bücher, ohne Lehre, ohne Doktrin.

Mir gefällt dieser puristische Ansatz, das Unprätentiöse und Simple. Hier kommt es nur auf die Qualität der Produkte an, bei der Zubereitung kannst du nicht allzu viel falsch machen.

Klingt alles ideal. Warum kann man das nicht einfach übernehmen?

Meiner Meinung nach musst du die Italienische Küche noch verändern.

Die klassische, einfache, tolle italienische Küche nehme ich als Basis und entwickle sie weiter. Das macht Marchesi auch so, aber natürlich noch viel extremer, in seiner oberen Klasse.

Seine Köche kämpfen heute noch um und mit der Veränderung, wie du bemerkt haben wirst. Das, was wir heute hier essen, hat nur noch im ganz entfernten Sinne etwas mit klassischem italienischen Essen zu tun.

Das Risotto ist ja ein ureigenes italienisches Rezept, aber wie wir es heute gegessen haben, hat das mehr mit Indien zu tun als mit Italien. Wenn du so willst, ist hier „Fusion" das Zauberwort. Mir persönlich kommt dieser Stil etwas bemüht vor, bemüht kreativ.

Das Geniale an der italienischen Küche ist ja, dass sie so simpel und normal ist. So, wie ich zuhause mit meinen Produkten umgehe – ganz reduziert und hochwertig.

VOM ESSEN UND TRINKEN

DEN GERUCH HABE ICH HEUTE NOCH IN DER NASE

Prägendes Urerlebnis war der Duft des Brotteigs seiner Oma Mathilde. Seitdem ist Heimat für Franz Keller überall dort, wo sich der Geruch guten Essens verbreitet. Ein gutes Konzept, denn Köche sollten nur dort Wurzeln schlagen, wo es gut riecht und schmeckt

Richtiges Kochen beschränkt sich nicht nur auf das Herstellen von Saucen und Tellerdekorationen – sondern bedeutet auch, den Dingen auf den Grund zu gehen. Ein Wildschwein ist ein Wildschwein und wird erst viel später zu einer appetitlichen Mahlzeit

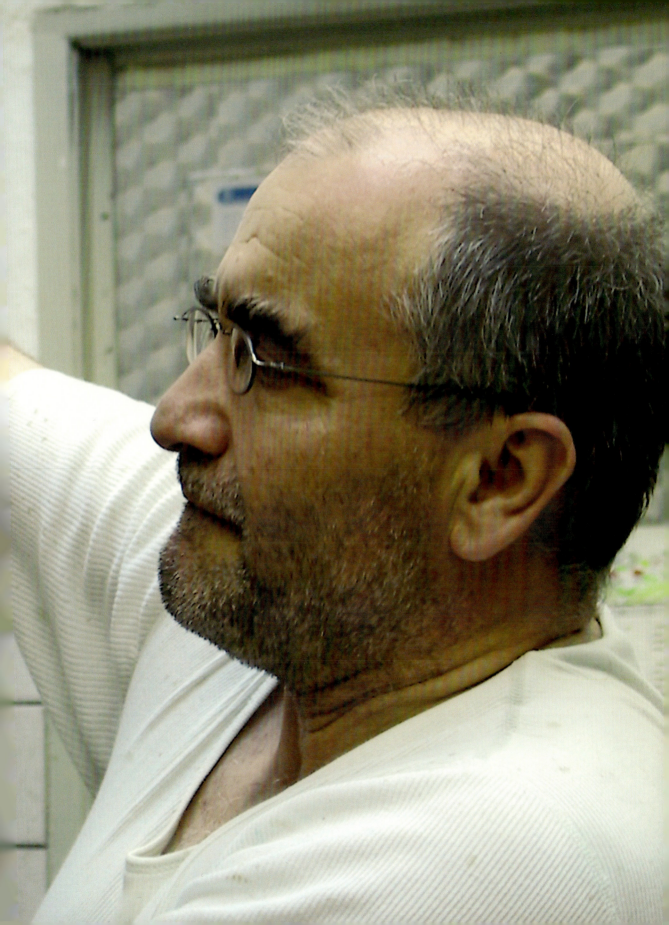

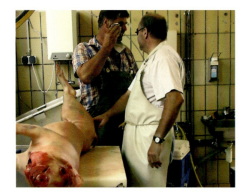

Blut, Schwein und Tränen: Die Arbeit im Schlachthaus ist nicht angenehm, aber notwendig, wenn man das Beste will

Kannst du dich selbst beschreiben, wer du bist?
Ich bin einer, der eigentlich immer nichts tun will und es einfach nicht schafft. Ich habe grade eben ein bisschen über 'Zeit' nachgedacht. Beim Spazierengehen mit den Hunden. Über die Zeit, der man immer hinterher rennt und die man nicht hat. Man meint immer, man tut das alles, um sie zu erhalten, und dabei kann man sie nicht fassen. Wenn ich an den Arbeitsplan für morgen denke, bekomme ich schon wieder Kopfschmerzen, weil ich weiss, dass ich nicht die Hälfte von dem schaffe, was ich müsste.

Lass uns über Heimat sprechen. Heimat als Begriff.
Die Heimatfrage ist für mich eine Standortfrage. Und die ist etwas komplexer als du dir vielleicht vorstellen kannst. Schau, wenn es nur um die Menschen geht, mit denen ich arbeiten könnte, würde ich sicherlich überall etwas finden. Aber wenn ich an die Perfektion denke, die mir entspricht, dann muss ich das Ganze doch etwas einschränken. Auf eine Gegend, wo es einen Fluss gibt, in der es bestimmte Rebhänge gibt, weil Reben komischerweise immer dort sind, wo die Natur besonders gut funktioniert. Das ist eine Pflanze, die sehr anspruchsvoll und gleichzeitig robust ist. Wenn die Rebe nur Sonne bräuchte, dann müsste es ja in Afrika die besten Weine geben. Die Rebe braucht eine intakte Natur, die von der Sonne und von der Wärme bereichert wird, aber es muss auch kalt sein. Ich glaube, die richtige Heimat ist für mich da, wo ich ganz genau die Jahreszeiten spüre.

Trotzdem hast du immer wieder dort, wo du warst, Häuser und Küchen mitaufgebaut und dich niedergelassen.
Das ist leider in meinem Metier so. Man kann nicht mal schnell ein Zelt aufschlagen und dann etwas machen. Sagen wir einmal, das ist eher der Nachteil dabei, dass man sich so festlegen muss. Ich war ja trotzdem recht flexibel, wenn ich auf mein Leben zurückschaue. Auf der anderen Seite kannst du das, was ich mache, nicht als Überflieger machen. Du kannst nicht in die feinsten

Details einsteigen, wenn du mal hier und mal dort bist. Man braucht schon seine Zeit, um die ganzen Zusammenhänge zu begreifen und um auch bestimmte Dinge zu entdecken und aufzuschlüsseln. Schau mal, wie lange ich jetzt schon im Rheingau bin. Und erst vor kurzem habe ich diesen netten Deutsch-Amerikaner Anthony Hammond getroffen, der diese tollen Weine macht. Er arbeitet in diesem alten Eiskeller in Oestrich-Winkel und mit ganz alten Reben und mit ganz wenig High-Tech. Den kannte ich bisher nur als Gast. An seinem Eiskeller bin ich schon mindestens 1000 Mal vorbeigefahren, ohne ihn zu entdecken.

Wenn du jetzt einmal schnell für zwei, drei Jahre irgendwo bist und ein Engagement hast, kannst du nicht ins Detail einsteigen. Die Arbeit, die ich mache, hat ganz viel mit feinsten Nuancen zu tun. Da ist eine gewisse Beständigkeit vonnöten. Ich habe auch nichts gegen Beständigkeit. Im Gegenteil. Wenn ich alles habe, was ich brauche, dann bin ich auch beständig. Ich bin ein Harmonie-Mensch, wenn du so willst.

Wie weit fließt dein Wissen der badischen Küche, die du bei deiner Grossmutter und deiner Mutter und deinem Vater erlebt hast, hier ein? Hast du etwas von zu Hause übernommen?

Also diese Einflüsse spielen bei mir ziemlich wild durcheinander, obwohl das, was ich mache, ja sehr konservativ ist oder als konservativ gilt. Aber die ganzen Grundzüge, und das war nicht mal etwas Besonderes, was ich daheim gelernt habe, das waren die einfachsten Dinge des täglichen Lebens. Brotbacken, Sauerkraut einlegen, im Garten helfen, in den Reben helfen. Diese Dinge haben überhaupt die Grundlage gelegt. Da habe ich angefangen, an etwas zu riechen. Im Lehberg zum Beispiel, den gibt es heute gar nicht mehr, oder im Ölberg, wo ganz schwerer Lössboden lag. Wo ich als kleiner Junge sass und mit Maggi-Fläschchen und mit Eckstein-Zigarettenpäckchen gespielt habe. Wo wir so kleine Höhlen in den Löss gemacht hatten. Was heisst wir – ich habe meistens alleine gespielt. Meine Oma hat in den Reben gearbeitet, den Boden bearbeitet mit der Hacke. Und dieser Geruch, wenn die Sonne auf den trockenen Boden schien, den habe ich heute noch in der Nase.

🍽 ENTENRAGOUT MIT LEBER AUF CRÊPES

EINKAUFSLISTE (Für 6 Personen)
2 Barbarieenten, ausgenommen,
2 x Gemüsegarnituren, 4 Tomaten,
Pfefferkörner, ganze Entenleber

▸ *Die Barbarieente in einem Fond aus Wasser, zerdrückten Pfefferkörnern und Gemüsegarnitur garen. So wenig Fond wie möglich, nur bedecken. Erst nach der Garzeit salzen. Die heisse Ente, nachdem sie gut durch ist, enthäuten und von der Karkasse das Fleisch lösen. Nicht gegen die Fasern schneiden. Nun in grosse Stücke oder Streifen auseinanderziehen. Fleisch mit erkaltetem Fond bedecken.*

▸ *Die 2. Ente mit der Karkasse ohne die Haut in kleine Stücke zerhacken, in brauner Butter stark anbraten mit einer Garnitur aus Zwiebel, Knoblauch, Karotte, Lauch und einer Kartoffel. Leicht salzen, gut pfeffern und nach dem starken Rösten im Ofen Schnittlauch, Petersilie und Kerbel, sowie das Fleisch von 4 Tomaten beigeben. Mit dem Fond ablöschen, jedoch nur bedecken. Auf schwachem Feuer ca. 2 bis 3 Stunden auskochen, passieren und reduzieren bis eine klare, braune Glace entsteht. Blumenkohlspitzen, Karotten, Sellerie, Teltower Rübchen tournieren und in Salzwasser und zerdrückten grünen Pfefferkörnern jeweils für sich kochen und gleich kurz in kaltem Wasser abschrecken.*

▸ *In der Entenglace nun das Fleisch und das Gemüse erhitzen und abschmecken. Inzwischen die Entenstopfleber in Scheiben schneiden, salzen, zuckern, mit weissem Pfeffer würzen. Leicht mehlieren und in der Teflonpfanne mit 3 bis 4 Tropfen Öl braun braten und auf die Crêpes auflegen.*

CRÊPES-REZEPT S. 190

Kellers Handwerkszeug. Das Schlachten und Ausbeinen lernte er daheim bei der Hausschlachtung. Er weiss, warum selbst Gezüchtetes und Geschlachtetes am besten schmeckt.

Ich weiss noch, wie die Backmulde roch. So nannte man dieses Holzbecken, in dem man den Teig machte. Ich weiss wie sie roch, wenn sie leer, gewaschen und getrocknet war. Und ich weiss auch, wie sie roch, wenn der Teig darin war. Das sind solche Urerlebnisse, die mich geformt haben, hinter denen ich im Grunde genommen immer noch her bin, wenn ich Produkte vor mir habe.

Wenn ich etwas sehe, auch wenn es ein totes Stück Fleisch ist, meine ich eine Energie zu spüren. Ich spüre, ob es jetzt kostbar ist oder nicht. Diese Grundlagen habe ich zu Hause mitgekriegt – manchmal spielerisch, manchmal mit Zwang. Aber es gab einfach nicht so viele Ablenkungen in meiner Jugend. Ich wurde weitgehend mir selbst überlassen, weil die ganze Familie nur gearbeitet hat.

Ich musste vieles mühsam im Detail erlernen. Aber diese Urerlebnisse waren immer meine Basis. Und mir scheint, das ist auch der Unterschied zu den Leuten, die das Ganze nur als Job mit Karriere sehen und wo das Produkt eigentlich nur ein Medium ist, das es zu transportieren gilt, vom Hersteller zum Endverbraucher. Es geht aber um das Transportieren von bester Qualität - nicht um Luxus, sondern um gute Produkte, gutes Leben, um Genuss im Sinne von einem guten Essen. Das sind Dinge, die ernähren uns nicht nur. Wir müssen uns ernähren, aber es soll ja auch gut schmecken und Spass machen.

Was bedeuten dir die Jahreszeiten?

Die Jahreszeiten sollen ruhig sehr unterschiedlich sein. Das ist der Rhythmus, der auch mich bestimmt, der mich von der ganzen Stimmung her ziemlich beeinflusst. Ich freue mich, wenn es frischen Spargel gibt, ich freue mich, wenn es im Februar den ersten Knoblauch gibt – den grünen aus Ägypten. Ich verwende aber nicht viele Produkte, die von weither kommen. Wenn es bei uns im Hochsommer oder Frühherbst den ersten Knoblauch gibt, ist das schon zu spät. Bei mir gehört er zu der Jahreszeit und zu dem Lebensgefühl, wenn der Winter vorbei ist. Wenn die schweren, eher derben Gemüse nicht mehr so verstärkt auf den Tisch kommen und der Körper einiges von sich weisen muss. So wie wir

Eine bis dahin glückliche Bunte Bentheimer Sau. Auch ein artgerecht gehaltenes und gefüttertes Freilandschwein muss eines Tages den Löffel abgeben

es im Haus mit dem Frühjahrsputz halten, macht man es auch mit dem Körper. Da gehören eben bestimmte Produkte dazu. Die meisten Menschen ernähren sich überhaupt nicht mehr nach den Jahreszeiten, sondern nach der Verfügbarkeit der Lebensmittel. Wenn ich da wäre, wo das ganze Jahr über alles gleichmässig wächst und es gäbe immer dasselbe, fände ich es dort wahrscheinlich ziemlich langweilig.

Was heisst für dich Geschmack?
Geschmack hat immer etwas mit Materie zu tun. Materie in ihrer ursprünglichen Form, wie sie in der Natur entsteht, ist der eigentliche Geschmack, der Urgeschmack sozusagen. Der ist so vielfältig, dass er überhaupt nicht langweilig wird. Zum Beispiel die Weintraube. Du kannst sie im Rheingau pflanzen, du kannst sie im Chablis oder in Südfrankreich pflanzen, theoretisch am selben Tag zur selben Zeit. Und die Trauben schmecken immer völlig anders. Der Geschmack stellt sich zusammen aus den Dingen, die darum herum sind.

Was ist „richtiges Kochen" für dich…
…richtiges Kochen ist für mich, das Produkt – das Fleisch, das Gemüse, den Käse – immer in seinem bestmöglichsten und perfektesten Zustand und Geschmack auf den exakten Punkt herzurichten…

…und was bedeutet dir kreatives Kochen?
Ich finde es pervers und übertrieben, wenn die Kreativität zum Selbstzweck wird und alles Mögliche miteinander kombiniert wird.
Ich bin heute noch überrascht, wenn ich bei einem Kollegen etwas esse und ich habe plötzlich zwei Dinge nebeneinander, und ich denke, der ist aber schwer am Experimentieren. Der muss sich etwas dabei gedacht haben und dann mach ich es nach und finde es plötzlich hervorragend. Aber dieses Empfinden ist relativ selten. Ich glaube, dass übertrieben wird, um – wie man im Französischen sagt: „cherchez la complication" – das Ganze etwas wichtiger zu machen. Das ist nichts für mich.

Wenn Kreativität in der Küche nicht nur Zweck, sondern auch Mittel sein soll, wie sähe sie aus?

Nimm Kartoffeln. In der richtigen Jahreszeit, wohlgemerkt. Nicht die ersten aus Marokko, die nach gar nichts schmecken. Sondern die richtigen Kartoffeln, die Zeit hatten im Keller zu reifen, wenn sie im Spätherbst mehlig sind. Mach ein Kartoffelpüree daraus, gestampft, gib eine richtig gute Butter hinein, in der nicht so viel Wasser und Molke enthalten ist. Ein Schluck Sahne, ein wenig Muskat, ein bisschen Meersalz. Und iss einfach nur dieses Kartoffelpüree. Das kann eine Offenbarung sein.

So machen das meine Leute in der Küche.

Aber in vielen Restaurants wird vom ursprünglichen Geschmack sehr oft abgelenkt durch irgendwelche übertriebenen 'kreativen' Banalitäten wie Trüffel hinten und Trüffel vorne. Oder Kaviar oben und Kaviar unten. Die Sachen, von denen man halt weiss, dass sie edel und teuer sind.

Wie sind deine Erfahrungen mit Trüffeln?

Wenn ich einem Gast so ein tolles Produkt überall aufs Essen schmeisse, dann hat der arme Mensch gar nichts davon. Der hat es irgendwann ja satt. Spätestens beim fünften Gang.

Der Trüffel ist sowas von empfindlich und sein Geruch verfliegt in relativ kurzer Zeit. Mach so einen Trüffel in Olivenöl hinein, lass ihn ein paar Tage liegen und schau dann, was für ein Geschmack dabei herauskommt. Und schau dir mal den Unterschied zu diesem italienischen Parfümöl an. Wenn die Verbraucher wüssten, was das für ein schlimmes Produkt ist, was da für Aromate drin sind.

Man kann das Produkt auch kaputt machen, indem man es übertreibt. Das sind aber Randerscheinungen einer Gesellschaft und einer handwerklichen Zunft, die einfach nicht mehr weiss, auf was es in Wirklichkeit ankommt.

Worauf kommt es in Wirklichkeit an?

Auf die Kleinigkeiten. Auf die Ehrfurcht und auf die Bescheidenheit gegenüber den einfachen und richtig guten Dingen. Auf sonst gar nichts.

FREILANDHAHN IN INGWER-KAROTTENSAUCE

EINKAUFSLISTE

4 Brüste von Freilandhähnen,
6 Karotten,
1 Zwiebel,
etwas Olivenöl,
1/2 l trockenen Weisswein,
1/2 l Geflügelfond,
frischen Ingwer,
Salz und Pfeffer,
1 Staude Mangold,
etwas Butter

Die Brust in Butter anbraten und im Ofen bei ca. 150° sechs bis acht Minuten weiterbraten. Ruhen lassen.

Für die Karotten-Ingwersauce geschälte und kleingeschnittene Karotten mit Zwiebeln (Verhältnis 3:1) in etwas Olivenöl andünsten, mit trockenem Weisswein und Geflügelfond auffüllen, bzw. bedecken. Alles langsam zerkochen lassen, dann fein passieren oder mixen, würzen mit etwas Salz, Pfeffer aus der Mühle und feingeraspeltem frischem Ingwer (vorsichtig und wenig, da sehr dominant). Vor dem Servieren mit Butterstückchen montieren, um einen cremigen Geschmack zu bekommen.

Die Mangoldblätter ohne die Rippen in heissem Salzwasser blanchieren und in Butter andünsten und etwas salzen, pfeffern und anrichten.

VOM ESSEN UND TRINKEN

Mit präzisen Schnitten kommt Franz Keller zu den besten Stücken. Abhäuten und Entbeinen einer vom Jäger frisch gelieferten Wildsau

Auf den Respekt gegenüber dem, was wir uns nehmen um zu essen und um davon zu leben. Auf den Respekt vor dem Produkt, dass man es wirklich so lässt, wie es am besten ist, so kultiviert, wie es ihm entspricht. Es ist ja nicht nur die Natur, die das Produkt macht. Wir Menschen müssen es pflanzen, wir müssen es hegen und pflegen – die grosse Frage ist halt das 'Wie'? Der Respekt fängt ja nicht erst da an, wenn ich es als Koch verarbeite und es auf den besten Punkt bringe, um es dann meinen Gästen oder mir selber vorzusetzen. Man spricht gern vom „edlen Essen", aber es geht immer nur um Nahrungsmittel. Ein Nahrungsmittel sollte immer gut sein. Ich möchte immer gut essen. Das heisst aber nicht, dass ich mir das ganze Jahr über Trüffel reinschieben muss. Oder Kaviar.

Denkst du, dass deine Gäste dieses Bild in sich tragen, wenn sie in dein Lokal kommen? Muss der Gast das Gefühl haben, dass du Ehrfurcht hast?
Richtiges Essen ist gutes Essen. Der Gast muss jetzt nicht die Ehrfurcht haben, die ich davor habe. Aber ich glaube, für den Gast ist das Wichtigste am Essen die Freude. Er wohnt vielleicht nicht hier und kommt zwei-, dreimal in unsere Gegend und freut sich riesig, dass er wieder etwas geniessen kann. Weil er gespürt hat, was wir machen. Die Leute heute arbeiten nicht mehr viel körperlich, sie arbeiten mehr geistig, wenn überhaupt. Deshalb müssen wir anders kochen, leicht kochen. Wenn wir uns mit Verstand und Genuss an ein gutes Essen setzen, kann es niemals schaden. Wohlgemerkt: Verstand und Genuss.
Ich lehne auch den Modernismus des fettlosen Essens ab. Fett ist so ein wichtiges Lebensmittel. Eine Ente ohne Fett hat keinen Geschmack. Du brauchst es ja nicht unbedingt mitzuessen. Wie viel Mühe geben wir uns mit unseren Schweinen, mit unserem Schinken – und die Leute machen das Fett ab und legen es an den Tellerrand. Ich würde es ihnen dann manchmal am liebsten um die Ohren hauen. Der Schinken kann nur schmecken, wenn entsprechend viel Fett daran ist. Es schmeckt schlicht und einfach noch intensiver. Aber wenn ich beobachte, wie sie mit dem Messer alles fein säuberlich abschaben, gehe ich schon einmal hin und sage: lassen Sie es doch dran, probieren Sie mal!

Hast du deine Lust am Fett in Frankreich gelernt?

Wenn man früher bei Escoffier auf vier Liter Sauce eineinhalb Liter Crème fraîche montiert hatte, mag das für heutige Verhältnisse übertrieben sein. Gut geschmeckt hat es, das weiss ich hundertprozentig.

Dass man sich wahrscheinlich hinterher gefühlt hat, als ob man am Boden festgeklebt wäre, kann auch sein. Wir haben einmal einen Loire-Lachs mit beurre blanc für elf Personen gemacht. Dafür haben wir sage und schreibe fünfeinhalb Päckchen Butter verbraten – und sie ist aufgegessen worden. Ich will damit sagen, dass der Körper viel mehr verträgt, als wir ihm eigentlich zutrauen. Nur muss man das ja nicht immer ausschöpfen.

Ich richte mich bei meinem Essen immer nach dem, wozu ich Lust habe und auch danach, was ich grade da habe. Ich finde es langweilig nur zu essen, weil es jetzt mittags um zwölf ist. Wenn ich einen Tag hinter mir habe, der mir Spass gemacht hat, dann fange ich an zu kochen und esse, auch wenn es nachts um halb vier ist. Warum nicht? Aber wenn ich dann morgens um neun wieder aufstehe und ausgiebig frühstücke, habe ich einen Fehler gemacht.

Wenn man ein wenig in sich hineinhört, regelt sich alles von selbst. Jeder hat seine eigene biologische Uhr, kennt seinen biologischen Rhythmus. Nur haben wir verlernt darauf zu achten. Es gibt Menschen, die essen stur aus gesundheitlichen Gründen zwölf Jahre lang Karotten und fühlen sich immer unwohl danach. Irgendwann kommen sie zu ihrem Arzt, der sie durchtestet und ihnen rät, sie wegzulassen. Wenn sie mit ihrem Körper im Einklang wären, hätten sie es selbst herausfinden können. Ich habe früher unglaublich gerne Münster Käse gegessen, diesen reichlich duftenden Rotschmierkäse. Nachdem ich paar Mal einen Block im Bauch gespürt habe, hörte ich damit auf. Mit Bedauern.

Gibt es für dich eine Genusskultur?
Hat dieser Begriff eine magische oder Fetischqualität für dich?

Genuss hat schon etwas mit Kultur zu tun. Ich glaube das Geheimnis liegt in der Beschränkung. Und von mir aus kann es auch ein Fetisch sein, warum nicht. Wenn du so hinter den Produkten her bist wie ich, musst du irgendwie besessen sein davon. Ich könnte mit den Kommunikationstechniken von meinem

 **REB- ODER FELDHUHN**

EINKAUFSLISTE
Zwei bis drei Tage alte Rebhühner nur im September und Oktober kaufen, mild geräucherter Speck, geschälte Weintrauben, Sauerkraut

↘ *Die Rebhühner müssen spätestens nach drei Tagen in die Pfanne. Jede Spur von Wildgeschmack, der nach längerem Abhängen entsteht, schadet. Selbst wenn man sie gefiedert einfriert, geht das höchstens einige Wochen gut.*

↘ *Das Rebhuhn waschen, pfeffern und salzen. Zum Verfeinern des Geschmacks mit feinen Kräutern füllen. Die Brust mit mildem Speck umwickeln, das schützt vorm Austrocknen. Während der Bratzeit von 30 Minuten häufig übergiessen. Nach der Hälfte der Bratzeit die Brust und Keulen mit Alufolie abdecken. Brüste vor dem Servieren abheben, die Keulen eventuell auf der Innenseite kurz nachgaren. Bitte nicht halbgar servieren!*

↘ *Als Beilage Leber, Herz und Nieren fein gehackt mit Küchenkräutern vermischt leicht anbraten und auf einer in derselben Pfanne gerösteten Toastscheibe reichen.*

↘ *Wer mag, kann ein mit trockenem Weisswein gut abgeschmecktes frisches Sauerkraut dazu verzehren. Ich bevorzuge geschälte Weintrauben – weniger der Süsse als der feinen Säure wegen.*

Der Molteni-Herd ist Kellers „Piano" und nach seinen Plänen gebaut. Die zentrale Hitzequelle unter der Gussplatte wird flankiert von zwei seitlichen offenen Gasbrennern. Makoto hat mit 39 Jahren eine Kochlehre bei Franz Keller absolviert. Er ist Dirigent und stammt aus einer angesehenen japanischen Musikerfamilie

Schreibtisch aus alles organisieren und perfekt machen. Ich könnte alles delegieren. Alles kommt automatisch, alles wird angeliefert, ich könnte viel Arbeit sparen. Aber ich kaufe das Fleisch nur von bestimmten Metzgern, weil ich genau weiss, die sind genauso engagiert in diesen Dingen wie ich.

Sie gehen nicht zum Schlachthof und kaufen Stücke von irgendeinem Bestand, wo nicht klar ist, wo der genau herkommt und was das für eine Rasse war. Ich fahre wirklich wegen zwei Roastbeefseiten nach Frankfurt mit den Kühltaschen im Auto und verbrauche zweieinhalb Stunden meines Lebens, nur um dieses Fleisch zu bekommen. Wenn ich einen Buchhalter hinter mir hätte, der auf Rationalisieren und auf Vermeidung von Arbeit achten würde, hätte ich vielleicht mehr Zeit. Aber ich würde vieles nicht mehr essen und könnte es auch nicht mehr verkaufen. Dann würde ich zum Zyniker werden. Das Verarschen von Leuten, die mir ihr Geld und Vertrauen geben für das, was ich koche, überlasse ich lieber anderen. Gastronomen, die den Gästen nur Illusionen verkaufen, gibt's genug.

Du stehst in deiner Küche, du kaufst ein, du züchtest und selektierst Weine. Warum machst du das? Was erwartest du von deinen Gästen?
Weil es mir grossen Spass macht. Weil es eine unglaublich direkte Sache ist, die man anfassen, schmecken und spüren kann. Man kann etwas entstehen lassen, für mich ist das ganz wichtig. Und gleich auch noch die Reaktion sehen. Glückliche oder begeisterte Leute, die offen sind, vorurteilslos, und genussfreudig. Dass sie sich einlassen. Dass sie essen, was auf den Tisch kommt.

Dein Vater hat dich in die Kochlehre geschickt.
Heute entscheidest du deine Taten selbst. Du könntest ja hergehen und Rinderzüchter werden. Wissen und Erfahrung dazu hast du ja zur Genüge. Aber du kochst weiterhin.
Es gibt schon noch ein paar Dinge, die ich gerne machen würde in meinem Leben. Ich weiss zwar nicht, ob ich die alle schaffe. Aber nicht alles, was man möchte, muss immer verwirklicht werden.

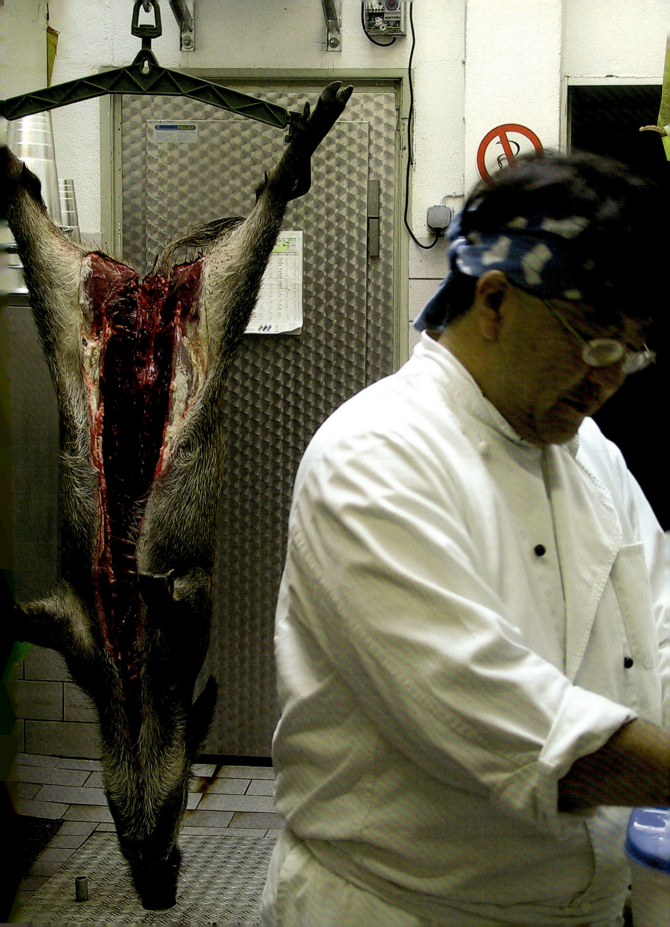

Abgebrühter Hühnertöter mit Hang zum besseren Essen und ehrlicher Qualität am Anfang des Tages

Hast du eine Botschaft an deine Gäste?
Was willst du ihnen sagen?

Darauf zu achten, was sie in den Mund stecken. Das Motto könnte sein, was bei mir auch auf der Speisekarte steht: vom Einfachen das Beste. Im Grunde genommen kann alles einfach sein. Kaviar ist auch etwas Einfaches – Fischeier. Ich will damit ausdrücken, dass die Dinge so sein sollten, wie sie sind und so belassen werden sollten. Deshalb muss man den Spargel nicht gleich roh essen. Das Produkt muss so auf den Punkt gebracht werden, wie es am besten ist. Dabei ist es egal, ob man es kocht oder brät. Beim Spargel kommt es darauf an, wann und wo er gewachsen ist.

Wie gelingt es dir, das Handwerkliche, das Kreative und deine Person mit dieser Offenheit den Gästen gegenüber unter einen Hut zu bringen?

Wichtig in der Gastronomie ist für mich, dass man etwas auf dem schnellsten und direktesten Wege transportieren kann. Du machst heute einen Termin mit einem Menschen, du kannst etwas von ihm wollen, du kannst ihn interviewen, was auch immer. Du gehst mit ihm irgendwo essen. Du hast ihn nie so offen, wie wenn er zum Essen und Trinken zu dir kommt.

Es ist etwas Intimes, zu essen, sich irgendwo hinzusetzen und sich wohl zu fühlen. Die Leute sind immer mit offenem Visier in der Gaststube. Du kannst es fühlen, ob das, was du servierst, ankommt oder nicht.

Wenn ich durch meinen Laden laufe, weiss ich sofort, wenn jemand nicht zufrieden ist. Ich spüre es, wenn er das Essen nicht geniessen kann, oder es ihm nicht gefällt. Dann gehe ich zu ihm an den Tisch und frage ihn, ob alles in Ordnung ist. Manchmal ist das Problem in dem Moment aufgelöst, wo ich mich darum kümmere.

Gastronomie heisst für mich, nicht nur gutes Essen zu machen. Wobei ich das, was ich mache, immer so angehe, als ob ich für meine Familie oder für meine Freunde kochen würde. Ich kann nicht meine Gäste betrügen, ohne mich selbst zu betrügen. Ich könnte bei einer Frisch-Fleisch-Kette in Hamburg bestellen und sagen, es ist mir egal, woher die Kuh kommt, ob das eine Schwarz-Weisse oder ein Charolais war. Ich könnte das in Kiloportionen bekommen, mit einem genauen Kalkulationspreis und so weiter. Stattdessen kaufe ich mein Fleisch mit Knochen, muss mich noch Stunden hinstellen und ausbeinen. Ich könnte natürlich auch das gute Fleisch für mich und meine Leute verbraten und die Gäste bekämen das Fleisch vom Kühlwagen aus Hamburg. Es gibt genügend Restaurants, die das so machen.

Ich kann mir vorstellen, dass es dir große Lust bereitet, dein Essen an die Gäste weiterzugeben.
Im Grunde genommen merken doch viele Gäste, dass bei uns die Qualität der Ware stimmt, obwohl sie es nicht formulieren – sie haben ein gutes Feeling dafür. Wir haben manchmal Probleme, weil wir so „brutal" anrichten. Wir machen keine Dekoration. Die Dinge müssen sich selbst verkaufen. Es gibt nicht noch ein frittiertes Salbeiblatt, ein gegrilltes Petersiliensträusschen oder eine ankaramellisierte Zwiebel, die dann links oder rechts aus dem Essen herausschaut, dazu.

Wie wirkt es sich auf den Spass, auf die Stimmung deiner Gäste aus, wenn du nicht im Laden präsent bist? Du kennst doch das „Cuneo" in Hamburg? Die Abende, wo Franco nicht da ist, sind die ödesten.
Die Leute gehen nicht nur essen. Sie wollen auch kommunizieren. Menschen gehen zu Menschen. Wenn sie nur essen wollen, können sie doch irgendwo um die Ecke gehen, da gibt's auch jemanden, der das gut macht.
Ich glaube nicht, dass viele Leute 60 km hin und dann wieder zurück fahren, nur weil das Essen bei mir so besonders ist. Die kommen in die Wirtschaft und damit auch zu Brigitte Marie und mir. Ich bewirte sie wie daheim – nur besser. Nehmen wir als Beispiel meinen Salat mit gerösteten Speck und einem verlorenen Ei. Bei mir im Lokal weiss jeder Gast: der Speck ist von meinen eigenen Bunten Bentheimer Schweinen und keine ausländische Importware, von der man nicht weiss, wo sie herkommt. Er ist nicht in irgendeine Rauchmasse getaucht, sondern hat ein Aroma, wie es Schweinefleisch früher hatte. Er ist hell angeräuchert und luftgetrocknet. Und fertig.

🍽 FLEISCH-KÜCHLE Á LA „MATHILDE"

EINKAUFSLISTE
250 g Rindfleisch, ca. 180 g ausgedrückte Weissbrotmasse (in Milch einweichen), mittelgrosse Zwiebel, ein Sträusschen Petersilie, ein kleines Stück Knoblauchzehe, Liebstöckelblätter – frisch besser als getrocknet, 1 Ei, Salz, Pfeffer, Muskat,
100g Butter oder Schweineschmalz zum Braten

➥ *Ein Rezept, das ich von meiner Grossmutter übernommen habe. Das Wichtigste sind Brötchen oder Weissbrotreste und nicht etwa das Fleisch. Wird dies nicht beachtet, sind die Fleischküchle trocken und langweilig. Es gibt auch zwei Varianten davon: die eine mit Schweinefleisch, ausgebacken in Schweineschmalz, die es bei uns im Winter gab; die andere im Sommer, mit Rind- oder Kalbfleisch und in Butter ausgebraten. Das Verhältnis von Fleischgewicht und ausgedrücktem Brötchen- oder Weissbrot sollte gut 60:40 sein. Bei mir werden sie so gemacht wie sie am besten schmecken: mit viel Brot!*

➥ *Formen Sie die Fleischküchle mit Ihren Händen zu gleichgrossen Kugeln, die Sie dann in nicht zu flache runde Küchlein formen. In einer Pfanne durchgebraten und möglichst gleich gegessen schmecken sie am besten. Dazu schmeckt vieles wie Kopfsalat, Kartoffelsalat oder Frankfurter grüne Sauce – wenn es kompliziert edel sein soll.*

VOM ESSEN UND TRINKEN

In vino veritas. Franz mit seinen Freunden Norbert und Anthony im Eiskeller des Deutsch-Amerikaners in Oestrich-Winkel

Wir haben mit deinem Freund Anthony eine kleine Weinprobe gemacht. Wie geht das zusammen: dein Kochen hier und die Auswahl der Weine.

Die Grundprämisse ist, dass Essen und Trinken für mich zusammengehören. Ich kann mir eine Menge Weine geschmacklich vorstellen und sagen, dieser und jener Wein ist gut und könnte zu diesem oder jenem Essen passen. Für mich ist der Wein immer nur ein sehr wichtiges und begleitendes 'Detail' zum Essen. Das kann man natürlich auch andersherum sehen, aber ich sehe es so. Ich könnte mir andererseits ein gutes Essen ohne Wein schlicht und einfach nicht vorstellen.

Die Reihenfolge ist also Essen und Wein. Nicht Wein und Essen.

Absolut. Ich kann und will in meinem Laden kein Sommelier sein, der den perfekten Wein empfiehlt. Genuss hat etwas mit Harmonie zu tun. Mir geht es um die Kombination von Genuss und Verträglichkeit. Ich bin der Meinung, dass jemand, der ein grosses und gutes Menu zu sich nimmt und nur Wasser dazu trinkt, dieses Essen anders verträgt, als wenn er beispielsweise einen guten Weisswein dazu trinkt. Der Wein hat Säure und Charakter. Die Säure des Weissweins oder die Gerbstoffe im Rotwein sind entscheidend für die Verträglichkeit und die Verdauung.

Es gibt heute schon Weine, die nur frucht- oder nur aromabetont sind. Da flippen viele Leute drauf aus. Der aromabetonte Wein, der das Stück Fleisch, das Olivenöl, die Bohnen geschmacklich unterstützt. Ich meine, dass das nicht so wichtig ist.

Weinempfehlungen haben immer auch etwas mit Geschmack zu tun. Ich versuche bei meinen Gästen in zwei, drei Sätzen herauszufinden, was ist der Mann oder was ist die Frau für ein Weintyp. Ich empfehle nicht immer unbedingt das, was ich für richtig halte. Sondern ich versuche den Genuss dieser Leute zu steigern, indem ich ihnen die für sie und ihr Verständnis von Wein richtige Flasche dazustelle. Es hat keinen Sinn ihnen zu sagen, ihr müsst unbedingt diesen neuen Riesling probieren, und vergesst eure Vorurteile mit Reife und

Schiefertönen, die darin sind. Sonst sitzen die Leute vor ihrem Glas und sagen: Sie haben recht, aber uns schmeckt's nicht. Und wem soll das was bringen? Mir nicht und dem Gast erst recht nicht.

Ein wichtiges Schlüsselwort auf der Suche nach dem Geheimnis deiner Arbeit ist die Umkehr und Abkehr von der Hochküche. Du hast die Jagd auf Sterne mitgemacht und warst der erste deutsche Koch in Frankreich bei Bocuse. Du hast Pionierarbeit geleistet, hast die französische Küche hier herübergeholt, du hast in Spitzenläden mitgewirkt, bzw. diese geleitet, und warst der bestbezahlte Koch Deutschlands.
Irgendwann hast du gesagt: Schluss. Das mache ich nicht mehr mit.
Was war deine Leitidee?
Von Anfang an habe ich konsequent auf die Qualität der Produkte gesetzt. Ich habe die Natur immer geliebt. Meine Oma hatte einen Garten, der war dreieckig. Das wurde nur deshalb ein Garten, weil die Winzer sich geweigert hatten, dort Reben zu pflanzen. Er hatte eine Zeile mit 15 Stöcken, zwei Zeilen links und rechts mit acht Stöcken und dann kam noch einmal eine Zeile mit drei Stöcken. In diesem Dreieck wurden also Kartoffeln, Tomaten und Lauch gepflanzt und ich musste mithelfen. Ich war total begeistert. Ich weiss heute noch, wie das geschmeckt und gerochen hat. Die Tomaten selbst riechen ja zunächst nicht, nur der Strunk riecht – deshalb werden sie heute auch wieder so verkauft. Ich habe mir da noch nicht vorstellen können, vielleicht auch den „grünen Daumen" zu bekommen und eines Tages sogar selber damit anzufangen, Schweine, Rinder, Hühner, Gänse und Enten zu züchten.

Hast du das in der Spitzengastronomie nicht verwirklichen können?
Für mich ging's nach oben nicht mehr weiter. Mit dem Verfeinern noch eins draufsetzen – anstelle dem Hummer nicht die Demi-glace-Sauce sondern die Erdbeeren dazu. Oder beim Pumpernickel machen wir jetzt noch Wachteleier obendrauf. Diese ganze Kombiniererei von tollen Gerüchen ist für mich alles Blödsinn. Und das oberste von dem ganzen Schwachsinn macht für mich dieser Katalanier Ferran Adrià in seinem „El Bulli", der das ganze Gemüse verkocht

KALBSFILET-SCHEIBEN MIT GEMÜSEDUXELLES

EINKAUFSLISTE
480 g schieres Kalbsfilet, 1 Karotte, 1 Zucchini, 1 Sellerieknolle, 3 Schalotten, 1 Knoblauchzehe, 50 g Butter, Salz, frisch gemahlenen weissen Pfeffer, 1 Bund Petersilie, 1 Bund Schnittlauch, 1 Becher Crème fraîche, 1/2 l Kalbs-Demi-glace

Gemüseduxelles: Zucchini, Schalotten, Sellerie und Karotte von Hand in feine und kleine Würfel schneiden und in zerlassener Butter farblos anschwitzen. Nach diesem Arbeitsgang das Gemüse mit Salz, Pfeffer und feingequetschtem Knoblauch würzen. Mit etwas Instantmehl bestäuben, gut vermischen und nochmals heiss anziehen lassen.

Crème fraîche beigeben und mit dem Holzspachtel untermischen. Bei nicht zu starkem Feuer unter ständigem Umrühren eine sämige, gebundene Gemüsemasse herstellen. Sie sollte in ihrer Konsistenz so beschaffen sein, dass sie nicht läuft. Zum Schluss, kurz vor ihrer Verwendung nochmals abschmecken und mit frisch gehackten Kräutern mischen.

Das Kalbsfilet wird am Stück bis auf den Punkt gebraten. Das Filet etwas ruhen lassen, dann aufschneiden und jede Tranche mit der Duxelles bestreichen. Die Demi-glace aufkochen, etwas kalte Butter einrühren und einen Saucenspiegel giessen, dann die bestrichenen Tranchen auflegen.

Gut gekühlt hält besser. Die Suppenhühner aus dem Adlergarten, die Spanferkelleber aus dem Falkenhof auf der Zielgeraden in Richtung Topf und Pfanne. Einmal wird es vorbei sein: Schlachttag für den stolzen Hahn

und einreduziert, dann mit Gelatine ausgiesst und Stengelchen schneidet. Und dann kriegst du so eine Stange lauwarm, gerade noch geliert. Die eine schmeckt nach Sellerie, die andere nach Tomate und die dritte nach Blumenkohl. Dann musst du mit geschlossenen Augen probieren. Er macht ein Seminar für Geschmack, aber kein Restaurant. Er macht Experimente. Siebeck hat über ihn geschrieben, dass er einen Gemüseschaum erfunden hat, der auch noch nach zwei Stunden stehen bleibt. Das ist Alchemie und hat nichts mehr mit Genuss zu tun. Das ist in meinen Augen der verkehrte Weg. Das kann eigentlich keine Bereicherung für die Ernährung der Menschen sein.

Würde Adrià Seminare anbieten zur Wiedergewinnung des Geschmacks, fände ich es gut. Mit Kochen und Hochgenuss hat das nichts mehr zu schaffen, es ist eher verfälschend. Blumenkohl, der so schmeckt wie Blumenkohl, kann und darf doch auch so aussehen. Alles andere ist, wie sich mit der linken Hand über den Kopf am rechten Ohr zu kratzen. Ist doch umständlich und nicht notwendig, oder? Vorausgesetzt, die rechte Hand ist vorhanden.

Was ist also dein Schlüsselwort der Ernährung?
Wenn es zum Beispiel um Geschmackserlebnisse geht, wie ein Stück Fleisch. Heute ist Fleisch das absolute Unthema. Die Leute essen zu viel davon und meistens von schlechter Qualität. Es ist im Prinzip ein hochwertiges Nahrungsmittel. Früher musste man nach schwerer körperlicher Arbeit viel Fleisch essen. Die Leute haben das gebraucht und sind davon auch nicht krank geworden. Heute arbeiten wir nicht mehr körperlich und nehmen viel zu viel Eiweiss zu uns – und werden krank.

Dadurch, dass die „Qualität" so pervertiert ist, ist Fleisch so billig geworden. Ich glaube, dass wir Köche jetzt einmal Flagge hissen müssen. Die Agrarindustrie ist soweit, dass sie meint, mit Genmanipulation arbeiten zu müssen. Sie haben der Tomate etwas vom Hering eingepflanzt, dass sie bei acht Grad minus nicht platzt. Das kann nicht der Weg sein. Wir Köche müssen uns wieder um die Qualität der Grundprodukte kümmern. Wir müssten den

VOM ESSEN UND TRINKEN

Alle helfen mit: Spüler und Kellner beim Einfangen der schlachtreifen Hennen. Im Adlergarten ratschen, quaken, gackern Hühner, Enten und Gänse aus der eigenen Aufzucht

Leuten beibringen, was gut schmeckt und was gut ist. Aber was machen die meisten? Sie machen in Dekorationen! Für mich ist das Schlüsselwort, nach dem du fragst, Geschmack und Qualität.

Alles, was mit Kochen, Ernährung und Gastronomie zusammenhängt, hat etwas mit Geschmack zu tun. Darum dreht es sich eigentlich.

Die Köche in deiner Liga sind Geschmacksbildner.
Sie liefern Vorgaben. Sie sollten den Leuten zeigen, wie es sein könnte.

Die sind jetzt immer mehr Designer.

Ich will dir eine Geschichte vom Geschmack erzählen.

Einer meiner Kellner ist Rumäne. Er hatte mich zu sich nach Hause eingeladen. Es gab Kohlrouladen. Nun musst du wissen, dass die Familien in Rumänien Kohlrouladen auf Vorrat machen, das heisst, für mehrere Tage. Ich wusste es nicht. Ich ass also zunächst mal zwei von diesen Rouladen, dann noch zwei. Kurz bevor die Speisen heraus getragen wurden, legte ich mir noch einmal zwei auf, was die Familie veranlasste, herzhaft zu lachen. Dieser Appetit hängt natürlich auch damit zusammen, dass der Kohl in Steinguttöpfen milchsauer vergoren wird, bevor er in die Küche kommt. Deshalb ist er so bekömmlich. Wir haben ja nicht einen Magen wie die Kühe, in dem dieser Gärungsprozess eine natürliche Sache ist.

Das Gericht, bzw. diese Art der Verarbeitung des Kohls, stammt eigentlich aus Serbien. Dort siehst du auf jedem Balkon solche Steinguttöpfe, in denen der Kohl milchsauer gemacht wird, mit einem Stein als Beschwerung. Bei uns gibt es so etwas kaum mehr, weil wir es eben nicht mehr wissen. Hier wird der Kohl unvergoren gekocht und gegessen, und viele wundern sich, dass sie die ganze Nacht Blähungen haben, manchmal mehrere Tage lang. Jedenfalls waren die Kohlrouladen bei der Familie meines Kellners mit Reis und Fleisch gefüllt, mehr Reis als Fleisch. Es schmeckte einfach wunderbar. Es läuft mir heute noch das Wasser im Munde zusammen und ich bekomme Sehnsucht nach Rumänien und den Rouladen.

FRANZ KELLER

Was kann ein großer Koch der Gesellschaft bieten?

Die Köche waren immer dazu da, den Menschen das Tollste zu geben.

Es gibt drei Filme, die für mich beispielhaft sind: erstens „Zwerg Nase" – ein alter Märchenfilm nach Wilhelm Hauff. Der Zwerg 'Kleiner Muck', der mit seiner tollen Kochkunst einen König vor dem Machtverlust bewahrt.

Zweitens „Satyricon" – Federico Fellinis Film mit den unglaublichsten römischen Fressorgien und dem folgerichtigen Zerfall des Imperiums.

Drittens „La Grande Bouffe" von Marco Ferreri. Eine köstlich-schwarze Parabel auf die Perversion der modernen Gesellschaft.

Der Film bezieht sich auch auf Auguste Escoffier, diesen grossen französischen Koch, der handwerklich mein Vorbild war. Er hat aus allen Erfahrungen seines Lebens und seiner Zeit eine Küche kreiert, die mich, in direkter Linie über Paul Bocuse, zu meiner Art zu kochen geführt hat. Eineinhalb Stunden, vier Gänge – und zwar mit Genuss.

So müsste die Gastronomie auch heute noch funktionieren. Sonst sind wir Köche am Ende. Und zwar bei voller handwerklicher Kunst und bei voller Konzentration auf das Wesentliche.

Hast du deine Visionen in der „Adlerwirtschaft" verwirklicht?

Ich habe hier alles, was ich will. Es ist überraschend gut gegangen.

Ich weiss, dass ich anfangs bei vielen Dingen sehr extrem war. Heute bin ich nicht mehr so extrem. Um die Vierzig herum hatte ich noch knallharte Vorstellungen und festgelegt: so wird es gemacht. Ich hatte ein klares Konzept, was auf die Karte kommt, was gegessen wird und wie es gegessen wird. Ich war nicht mehr bereit mir sagen zu lassen, was gerade Mode ist und das auch meinen Gästen vorzuschreiben.

Mich interessiert nicht, was die Kollegen oder Kritiker denken. Sondern koche nur das, was einfach und gut und richtig ist. Das ist unsere Kreation; wir haben sie für die Gäste so zusammengestellt und zubereitet, wie wir es können. Wenn es ihnen dann gefällt, ist es sehr gut. Es wird nicht mehr in den Menus herumgeschraubt, nur weil es einigen Leuten vielleicht so, wie wir es ihnen anbieten, nicht passt.

🍽 KALBSHIRN IN GEMÜSE-REDUKTION

EINKAUFSLISTE

Kalbshirn, 100 g Schalotten gehackt, 4 cl erstklassigen Estragonessig,
1 dl Fleischbrühe,
Tomatenfleisch gewürfelt,
Salatgurke (tourniert in ca. 5 cm lange, fingerdicke, oben und unten spitz zulaufende Stücke)
1 Bund Schnittlauch,
1 Zweig Estragon

↘ *Schalotten in Butter andünsten, mit dem Essig und der Fleischbrühe ablöschen und reduzieren lassen. Die Tomaten und Gurken erst kurz vor dem Anrichten beigeben und zuletzt die gehackten Kräuter. Mit Salz und Pfeffer abschmecken.*

↘ *Das Kalbshirn in brauner Butter braten, auf Küchenpapier trocknen und in Scheiben schneiden. Auf der Sauce anrichten. Etwas weissen Pfeffer mit der Mühle über die Kalbshirnscheiben streuen. Mit einem Kalbshirn-Ei-Rezept hat mich meine Oma nach einer Krankheit wieder aufgepäppelt.*

Von Franz Keller gezüchtete indische Laufenten beim Frühstück. Leider ist es ihm noch nicht gelungen, diese Plattfüssler mit Kellnern zu kreuzen – idealer Gang und noch mehr Spass für seine Gäste

Wie bist du früher mit den Vorstellungen klargekommen?
Ich hatte in allen Häusern, in denen ich vorher war, bestimmte Vorstellungen. Zum Beispiel in der „Tomate" in Köln. Es ging mir darum, neben dem Luxusrestaurant noch ein Lokal für den sogenannten kleinen Geldbeutel zu machen. Mir war damals schon klar, dass nur ganz wenige Leute öfter in ein Zwei-Sterne-Restaurant kommen würden. Also musste ich mir meine Leute „nachzüchten". Deshalb gab es dazwischen auch noch ein Bistro. Von der „Tomate", über die Qualität des Bistros, holte ich die Gäste in „Franz-Kellers-Restaurant". Ich wollte in der „Tomate" klassische, deutsche Küche machen – will sagen, Badische Küche. Weil es die deutsche Küche in dem Sinne gar nicht gibt, nur viele verschiedene regionale Küchen. Und die kann man nicht „Deutsche Küche" nennen. Es gibt deshalb auch kein richtiges Kochbuch über die deutsche Küche.

Was ist mit dem Uecker-Buch?
Ja, probiert haben sie es alle. Aber das, was wir in Deutschland an Esskultur haben, ist meiner Meinung nach keine einheitliche Kultur, sondern sie besteht aus ganz unterschiedlichen regionalen Grundzügen.

Wie ging's dann weiter in der Zeit der „Tomate"?
Damals habe ich gesagt, wir machen richtiges deutsches Essen, vom Königsberger Klops über richtige Fleischküchle, über richtige Schnitzel. Die ersten zwei, drei Monate waren eine Katastrophe. Die Leute wollten etwas anderes. Dazu sah der Laden auch noch so komisch italienisch aus, durch das Neon mit grün und rot. Neon kannst du ja nicht dimmen. Das kann zu einem Problem werden, wenn du mit Licht eine bestimmte Atmosphäre erzeugen willst.
Ich musste innerhalb von sechs Wochen das Konzept der Küche komplett ändern. Und da kam mir nachts im Bett die Erkenntnis, dass die Leute das, was ich anbiete, zu Hause auch bekommen. Damals wurde noch mehr zu Hause gekocht als heute. Warum sollten sie zu mir ins Restaurant kommen, wenn es dasselbe gibt wie daheim bei Muttern?

Also haben wir auf „italienisch" und auf „französisch" gemacht.

Es gab selbstgemachte Nudeln, es gab eine Tomatensauce, auch diesen Sugo, den ich heute noch mache. Wir hatten zwar auch Wildschwein im Programm, aber letztlich musste ich einfach das machen, was verlangt wurde. Ich bin damals auf die Nase gefallen. Deutsche Küche war unmöglich. Und hier in der „Adlerwirtschaft" lief alles von Anfang an. Es lief und lief und lief.

Gut, ich bin rückfällig geworden, vorher habe ich gesagt, es gibt nur noch vier Gerichte: vier Vorspeisen, vier Hauptgerichte und vier Desserts. Da haben einige zu mir gesagt: Keller, das hältst du nicht durch, da mache ich mit dir jede Wette. Auch Profis, wie zum Beispiel der gute alte Arne Krüger, der ja wirklich ein netter Mensch ist und viel erreicht hat im armen Deutschland, mit seinen Rezeptkarten. Ich fragte ihn: weil die Leute nicht zufrieden sind? Krüger sagte: nein, das bringst du denen schon noch bei. Aber dass du nur so wenig verschiedene Sachen machst, wird den Leuten schnell langweilig. Spätestens nach fünf, sechs Monaten.

Und genauso war es dann auch für mich. Das war einfach zu wenig. Heute denke ich, dass ich, wenn ich einmal so um die Sechzig bin, nicht mehr diesen relativ grossen Aufwand betreibe, den ich jetzt hier mache.

Was würdest du gerne anders machen?

Wenn ich gesund bleibe und es mir nach wie vor genauso viel Spass machen würde wie heute, dann möchte ich doch noch einmal neu anfangen und das Prinzip „Plat du Jour" machen. Es gibt jeden Tag ein Essen, das besteht, wenn du willst, aus vier Gängen, wenn du willst auch nur aus zwei Gängen. Und das wechselt täglich.

Da kann man mit relativ wenig Aufwand doch sehr gut kochen, weil es einfach die Auswahl nicht gibt. Ich habe aber heute dafür noch kein klar umrissenes Konzept. Weil ich erstens noch nicht soweit bin und zweitens das, was wir machen, gut läuft. Warum sollte ich daran etwas ändern?

In den letzten Ferien war ich bei einem ehemaligen Koch von mir, der das gemacht hat. Er war ein Genussmensch und hat in den Vogesen eine kleine Kneipe und hockt wirklich abends um halb sieben an der Theke und trinkt seinen

MEIN HIRSCH-BURGER

EINKAUFSLISTE

Für einen guten Hirsch-Burger brauchen Sie 2/3 mageres schieres Hirschkalbfleisch und 1/3 Schweinebauch ohne Schwarte. Rechnen Sie pro Person und Burger mit ca. 80 bis 90 g Fleischmasse.

➤ *Das Fleisch wird – nachdem es in gröbere Würfel von Hand geschnitten wurde – mit der feinen Scheibe im Fleischwolf durchgedreht. Gewürzt wird lediglich mit Salz (per kg 16 g), weissem Pfeffer (per kg 3 g) und ganz wenig Cayennepfeffer. Zur Anhebung des Geschmacks geben Sie auf ungefähr 500 g Fleischmasse eine halbe, kleine Knoblauchzehe, ganz fein gehackt und gequetscht darunter, sowie fein gehackte Petersilie (ca. 1 gehäufter Suppenlöffel auf o.g. Menge).*

➤ *Formen Sie die Hirsch-Burger in der typischen Burgerform, nicht zu flach und rund, möglichst in der Presse, damit der Burger überall gleich dick ist. Damit vermeiden Sie, dass die Ränder trocken werden. Gebraten wird der Burger kurz in Öl und Butter (halb und halb), am besten rosa. Legen Sie ihn in ein krosses (!) Sesambrötchen, das in der Mitte aufgeschnitten wurde und mit Friséesalatblättern ausgelegt ist.*

➤ *Auf beide Innenseiten der Brötchen sollten Sie selbstgemachte (nach klassischem Rezept) Mayonnaise geben, die Sie mit einer Reduktion aus etwas Rotwein und gequetschten Wacholderbeeren geschmacklich verfeinert haben. Dazu passt sehr gut Muskat und etwas Gin.*

Aperitif. Dann kocht er noch etwas für sich und seine Frau und ab halb neun hockt er vor dem Fernseher. Er arbeitet nur mittags und macht diese „Plat du jour" für die Leute aus der Region. Und das macht ihm Spass. Das hat etwas mit dieser ländlichen Gemeinschaft zu tun, sie kennen sich alle. Der eine liest seine Zeitung, der nächste zieht über einen anderen her – oder es kommen ab und zu noch ein paar Touristen dazu. Da ist das normale Leben. Das gefällt mir auch.

Probieren geht über studieren. Weine aussuchen ist harte Arbeit, denn trotz aller Erfahrung ist die zukünftige Qualität des Weines schwer einzuschätzen, da seine Entwicklung nicht immer vorauszusehen ist

Was kannst du uns über Weine sagen?
Wie sind deine Vorlieben und was empfiehlst du deinen Gästen?

Das Aussuchen von Weinen hat eigentlich mehr mit Stimmungen zu tun. Dabei gilt es zu unterscheiden zwischen der Stimmung, die man gerade hat und der, die man haben möchte. Wenn ich viel gearbeitet habe und ich mich einfach nur entspannen und meine Ruhe haben möchte, dann nehme ich zum Beispiel gleich einen wuchtigen, voluminösen und nicht zu säurebetonten Wein. Der Wein sollte dann eine gewisse Reife und Tiefe haben, ohne jetzt zu aggressiv zu sein. Jeder Weisswein muss eine gewisse Aggressivität haben, es kommt nur darauf an, wie viel. Die Rieslinge haben natürlich am meisten von diesem Aggressions- bzw. Anregungspotenzial in ihrer Säure.

Wenn ich mit meiner Frau zum Essen ausgehe, und sage, so, jetzt trinken wir einen schönen Weisswein, dann suche ich fast immer einen grossen Chardonnay aus dem Burgund aus, wie zum Beispiel einen Montrachet, oder ich nehme einen Weissburgunder aus Deutschland. Die haben dann auch einen erhöhten Alkoholwert, das heisst, sie holen dich unglaublich schnell in eine andere Stimmung. Aber wenn du dich jetzt angeregt unterhalten willst und hast ein wichtiges Thema, oder du hast eine neue Freundin und gehst mit ihr essen, dann würde ich keinen schweren Weisswein aussuchen, sondern einen jungen, spritzigen, anregenden, leichten Wein. Weil dieser auch gleichzeitig anregend ist, nicht nur für die Magensäfte, sondern auch für den Kopf. Der erstere holt dich zwar schneller „runter" aber macht dich auch, übertrieben gesagt, schneller fertig. Das eineinhalb Prozent mehr Alkohol zwischen 10,5 % und 12% macht unglaublich viel aus bei der Wirkung. Genauso ist es bei Rotwein. Ich suche mir den Wein nicht gleich passend zum Essen heraus, sondern wirklich mehr nach meiner Stimmung. Ich würde nicht einen vanille-, also holzbetonten, fruchtigen, schweren, voluminösen, kräftigen Weisswein heraussuchen, wenn ich eine kleine Salatvorspeise esse mit ein bisschen pochiertem Fisch. So ein Wein würde die ganze Vorspeise zusammenhauen. Natürlich richte ich mich mit meiner Weinauswahl auch nach dem, was ich esse. Das Wichtigste aber ist für mich meine Lust und meine Laune.

Gilt das für die Gastronomie oder auch für andere Situationen?
Das kann ich einem privaten Gastgeber genauso empfehlen. Wenn die Leute zu ihm kommen und sagen, dass sie alle einen anderen Weingeschmack haben, finde ich, dass das die Stimmung versaut, wenn jeder mit seinen Vorstellungen daherkommt. Ausserdem passt es meistens sowieso nicht zusammen. Wenn jemand einlädt und ein Essen gibt, dann haben die Gäste das zu trinken, was er ausgesucht hat und für das Essen als passend empfindet.

Diese Ängstlichkeit, die den Deutschen zu eigen ist, in Bezug darauf, sein Gegenüber vielleicht zu überfahren, wiegt nicht den Erfolg auf, den man hat, wenn man bestimmt sagt: jetzt gibt es zunächst einen leichten Riesling und anschliessend einen kräftigen Grauburgunder.

Der Gastgeber sollte sagen: Ihr seid heute Abend meine Gäste und ich möchte euch zeigen, welche Weine ich ausgesucht habe. Sie entsprechen meinem Geschmack und ich möchte, dass ihr dieses Geschmackserlebnis mit mir teilt. Mit dem Essen sollte er nicht anders handeln.

Dir geht es bei der Weinempfehlung um ein verbindendes Element, richtig?
Du musst dir mal die Stimmung an Tischen anschauen, wo jeder ein anderes Getränk vor sich hat. Diese Leute sitzen nur befremdet herum, sie haben nichts gemeinsam. Sie haben nicht einmal die Tischplatte gemeinsam, auf die sie ihre Getränke abstellen, weil jeder in einer anderen Welt ist.

Und ich denke, dass es gilt, so etwas zu vermeiden, wenn es um ein schönes, anregendes Essen geht.

🍽 WILDSCHWEINGULASCH

EINKAUFSLISTE
2 kg Hals und Schulter vom Wildschwein, 4 bis 5 l Rotwein, Gemüsegarnitur

↘ *Das Fleisch in gleich grosse Würfel schneiden. Einen guten trockenen Rotwein zusammen mit einer Garnitur aus Karotten, Lauch, Sellerie, Zwiebel und Knoblauchzehen, sowie Majoran, Estragon, Thymian, Salbei (möglichst frisch) zum Aufkochen bringen. Für 2 kg Fleisch ungefähr 400 g Garnitur und 4 bis 5 Liter Wein. Ungefähr 10 Minuten ziehen und dann erkalten lassen. In diese Marinade wird das gewürfelte Fleisch eingelegt. Wacholderbeeren und Pfefferkörner obenauf. Im Steintopf alles 48 Stunden bei 15° ruhen lassen.*

↘ *Marinade vom Fleisch und Garnitur trennen. Das Fleisch in etwas Öl stark anbraten und später die Garnitur dazugeben. Das Ganze mit Mehl leicht anstäuben und im Ofen bei 190° antrocknen. Dann mit der Marinade ablöschen und das Fleisch langsam garen. Danach das Fleisch mit einem Schaumlöffel und einer Küchengabel von der Flüssigkeit trennen.*

↘ *Die gekochte und durch das Bestäuben ganz leicht angebundene Marinade wird durch ein Sieb von der Gemüsegarnitur getrennt und in einem dicken Kupfertopf zum Kochen gebracht. Eventuell reduzieren – mit Schweineblut, Sahne oder Mondamin. Das Wildschweinfleisch beigeben und mit Salz, Pfeffer und – je nach Geschmack – mit etwas durch ein Sieb gedrückten Roquefort-Käse abschmecken. Kraftvoll!*

VOM ESSEN UND TRINKEN

Kindisches Gerangel wie in alten Zeiten: die Brüder Franz und Fritz Keller in den legendären Lösskellern des Kaiserstuhls – mitten in der Lage Oberbergener Bassgeige

Gibt es einen jahreszeitlichen Aspekt?
Wenn du im Sommer zum Mittagessen einen schweren Wein trinkst und danach fertig bist, liegt das ja nicht nur am Alkohol, sondern auch am Extrakt, an der Kraft all dessen, was in dem Wein ist. Und den musst du als Weintrinker verdauen und wegstecken. Es gibt so grosse, voluminöse Weiss- und Rotweine, die dich platt machen, wenn du sie im Sommer auf der Terrasse trinkst. Ich trinke im Sommer gern leicht gekühlte Rotweine. Die Gerbstoffe, die Tannine, kommen durch die Kühlung viel mehr nach vorn und du schmeckst sie stärker, als sie in Wirklichkeit sind. Das bewirkt, dass es dir unmöglich ist, so viel davon zu trinken wie zum Beispiel von einem leichten Weisswein. Ich denke da einen leichten Spätburgunder oder einen Trollinger oder Beaujoulais, also Rotweine, die vom Körper her nicht ganz so voluminös sind.

Was heisst für dich „leicht gekühlt?"
Das hängt natürlich von der Aussentemperatur ab.
Wenn du auf einer Terrasse sitzt bei 34 Grad und du trinkst einen Rotwein der 16 Grad hat, kommt dieser dir eiskalt vor. Wenn du aber in einem Zimmer, in dem die Raumtemperatur 24 Grad beträgt, einen leicht gekühlten Weisswein trinkst, der auch 16 Grad hat, hast du ein Problem, weil du ihn als zu warm empfindest.
Ich serviere alle Weine mit Absicht erstmal zu kühl. Aus einem ganz einfachen Grund, der mehrere Effekte auslöst: wenn der Wein zu kühl ist, bleibt er viel länger in einer angenehmen Temperatur auf dem Tisch. Ist er aber perfekt gekühlt auf den Tisch gekommen, ist er viel schneller zu warm; selbst wenn du beim Probieren erst einmal schockiert bist, weil dir der Wein zu kalt vorkommt. Das meine ich nicht zynisch oder rechthaberisch. Dieser Effekt erschliesst dir den Wein viel besser, als wenn du ihn sofort bei idealer Temperatur hast. Du musst auf diese Weise halt ein wenig warten und geduldig sein. Das erhöht die Spannung durch die Vorfreude.
Der Geschmack muss sich eben aufbauen können.

Was meinst du damit?
Schau, es gibt Weine, die schmecken dir am Anfang überhaupt nicht. Du ärgerst dich, dass du ihn trinken musst, weil du ihn bestellt hast. Du trinkst noch einen Schluck und nach einer Viertelstunde stellst du fest, dass du selten so einen guten Wein hattest. Die meisten Weine mit Charakter erschliessen sich dir erst später. Der Charakter kommt von den Mineralien, vom Boden her. Wenn ein Boden sehr mineralisch, hauptsächlich eisenhaltig ist, kommt der Wein dir fast metallisch vor. Es gibt Leute, die ihn probieren und ihn völlig ablehnen. Und es gibt andere, die fahren völlig auf ihn ab. Dieser Wein kann von den Fruchtaromen her eine Sensation sein. Du entdeckst Brombeeraromen und noch viele andere und eine strenge Säure im Hintergrund. Das ist, wie wenn du dir eine Tüte Süssigkeiten kaufst und nicht aufhören kannst zu naschen, bis sie leer ist. Ich will damit sagen, es gibt Weine, die schmecken dir zunächst überhaupt nicht. Man muss ihnen eine Chance geben.

Was ist im umgekehrten Fall?
Ich erlebe es gelegentlich, dass mir ein Wein nach einer Weile nicht mehr schmeckt, obwohl ich beim ersten Schluck begeistert war.
Es gibt auch das andere Phänomen, dass dir ein Wein mit einem gewissen Aggressionspotenzial, z.B. ein Riesling, zunächst sehr gut schmeckt und nach zwei Gläsern nicht mehr. Das liegt daran, dass dein Körper genug hat von der Säure. Dann solltest du zu einem Roten übergehen oder ganz aufhören. Sonst kannst du nachher nicht schlafen, weil der Weisswein, den dein Körper über eine gewisse Menge hinaus nicht verträgt, dich aufputscht statt zu entspannen.

Kennst du jeden Wein, der bei dir im Keller liegt und den du empfiehlst?
Selbstverständlich. Aber nicht nur deshalb, weil ich bei einer Weinprobe ein kleines Schlückchen genommen habe. Wenn ich bei einer Weinprobe 20 Weine innerhalb einer Stunde verkosten muss, bin ich nur zu den ersten fünf objektiv. Die restlichen fallen herunter, weil ich gar nicht mehr offen bin für die verschiedenen Geschmäcker. Wenn Leute vom Wein-Gault-Millau zu mir kommen und sagen, sie probieren am Tag 300 Weine und trauen sich zu, diese

🍽 SCHWARZWÄLDER TANNENHONIGEIS

EINKAUFSLISTE
9 Eigelbe, 1/2 l Vollmilch, 1/2 l Sahne, 300 g Schwarzwälder Tannenhonig

↘ *Eigelbe und Honig mit dem Schneebesen glatt rühren, bzw. auflösen. Milch und Sahne kurz ankochen und dann in der Schüssel unterrühren. Alles zusammen zurück in den flachen Kochtopf und mit einem vorne geraden Holzspachtel bei schwacher Hitze zur Rose abrühren. Vorsicht, die Masse darf nicht zum Kochpunkt kommen, sonst flockt das Eigelb aus. Daneben zur Sicherheit die Schüssel zum Ausgiessen in eine grössere Schüssel stellen. In die grössere Schüssel Eiswürfel und Wasser geben. So kühlt die Eismasse schneller herunter.*

↘ *Nicht vergessen: Die Masse vor dem Drehen in der Eismaschine durch ein feines Sieb laufen lassen. Milchhaut und der Befruchtungspunkt vom Eigelb müssen vor dem Drehen abgesondert werden. Festere Teile im cremigen Honigeis sind nicht gerade angenehm beim Essen. So hergestelltes Eis ist im Gefrierschrank schon nach 24 Stunden zu fest, also immer kurz nach dem Drehen verspeisen. Fragen Sie mich lieber nicht, was die Lebensmittelindustrie da alles reinkippt, damit das Zeug auch noch nach Monaten cremig bleibt.*

SIEHE AUCH MENU SEITE 170

Franz Kellers nicht ganz jugendfreier Trinkspruch der französischen Kavallerie: „A nos femmes, nos cheveaux et ceux qui les montent!"

entsprechend beurteilen zu können, kann ich nur den Kopf schütteln und weiss, dass die einen Knall haben.

Einen Wein, den ich empfehle, habe ich zu verschiedenen Anlässen und zu verschiedenen Tageszeiten probiert. Ich habe ihn abends getrunken und auf die Restflasche einen Korken gemacht und dann am nächsten Abend nochmal getrunken. Wenn es ein schlechter Wein war, übersteht er das nicht und fällt nach 24 Stunden auseinander. Wenn es ein sehr guter Rotwein ist, schmeckt er am zweiten Abend wahrscheinlich noch besser als am ersten. Nach so einem Test entdeckst du erst das Potenzial. Oder eben nicht. Das ist sicher eine gewisse beschleunigte Entwicklung, die natürlich nicht dieselbe ist, wie wenn der Wein in der Flasche zwei Jahre im Keller liegt. So kann ich aber sehen, wie der Wein in zwei, drei Jahren vielleicht einmal werden wird. Und solche Weine empfehle ich meinen Gästen.

Nehmen wir an, ich will mir meinen eigenen Weinkeller aufbauen? Was sollte ich tun, was rätst du mir?

Es gibt Weine, wo ich schon beim Probieren einschätzen kann, ob diese Potenzial haben werden oder nicht. Auf diese spontane Wahrnehmung bei der Beurteilung bin ich ganz selten hereingefallen. Wenn ich diese sofortige Reaktion nicht habe, muss ich ihn halt in mehreren Situationen probieren. Das möchte ich auch unbedingt den Leuten empfehlen, die Wein kaufen oder sich einen Weinkeller aufbauen.

Dir ist ein Winzer empfohlen worden, er ist dir sympathisch und du probierst acht oder neun Weine bei ihm. Davon gefallen dir vier wahnsinnig gut. Du sagst dir, der Weg nach Hause ist weit und willst am liebsten 36 Flaschen pro Sorte mitnehmen. Meine Empfehlung ist: lieber vorsichtig sein. Von jedem Posten erst einmal nur sechs oder auch zwölf Flaschen mitnehmen. Unter sechs nicht. Mal hat eine Flasche Korkgeschmack, mal trinkst du eine aus ohne darauf zu achten, was du denn da getrunken hast. Dann bleiben noch vier. Dann trinkst du eine Flasche mit deiner Frau oder mit Freunden und möchtest auch vielleicht einmal deren Urteil hören. Und schon ist nichts mehr da.

Bei sechs Flaschen kann nichts anbrennen. Du solltest dir aber ein Zeitfenster setzen. Am besten innerhalb von einem Monat entscheiden, von welchen Sorten du dir mehr in Keller legen willst, weil sie dir gut gefallen haben. Wenn du erst ein halbes Jahr später entscheidest, kann es passieren, dass die Bestände ausverkauft sind, weil andere schneller waren als du. Die Tücke bei den guten Jahrgängen ist, dass sie relativ schnell ausverkauft sind. Ich mache mir daher Notizen an der Ware selbst im Keller. Ich lege kleine Schiefertäfelchen zu den Flaschen. Darauf schreibe ich, wann und wo ich sie gekauft habe und von wem und wie teuer. Ich mache mir dazu auch Notizen, die meine Erkenntnisse bei den Versuchen widerspiegeln. Ausserdem halte ich die von mir geschätzte Haltbarkeit fest! Das muss ich in meinem Geschäft unbedingt machen, weil ich sonst den Überblick verliere und die Weine länger lagere, als es gut für sie ist.

Es gibt ein bestimmtes Phänomen, das ich nicht ganz verstehe. Wenn ich im Urlaub in Spanien bin…

… kaufst du dir einen Wein, der dir dort sensationell gut geschmeckt hat und zu Hause schmeckt er dir überhaupt nicht mehr. Das ist ganz normal. Das hängt mit deiner Stimmung zusammen. Du hast dort die Gerüche – du riechst das Meer, du riechst die Blüten und so weiter. Du fühlst dich wie auf einer Wolke. Der Wein geht die Gurgel herunter wie nichts. Und hier hast du deinen Alltag ohne Wolke. So einfach ist das. Du musst es regionaler sehen. Die Weine sind zunächst an einem Ort *für* einen Ort gemacht, für die Leute, die dort leben. Überspitzt formuliert. Deshalb: kauf sechs Flaschen und trinke sie zu Hause. Wenn er dir schmeckt, hole dir mehr davon. Du kannst heute bei fast jedem Weinhändler jeden Wein bestellen. Das kostet ihn zehn Minuten im Internet und ist dann vielleicht etwas teurer, aber nicht wesentlich.

Jeder, der einen Weinkeller hat, lagert auch Weine, von denen er sich sagt, so schlecht kann seine Stimmung gar nicht sein, dass er sie trinkt. Die hat jeder in seinem Keller, ich auch. Die verkoch' ich halt. Um das zu vermeiden, kaufe ich vorsichtiger ein, weniger. Der eine kennt gar nichts, der andere kennt sehr wenig und der dritte kennt richtig viel. Letztlich sucht jeder das, was er kennt. Das tun wir alle.

🍽 MOHN-MANGO-STRUDEL

EINKAUFSLISTE

Strudelteig: 250 g Mehl, 50 g Butter, 2 EL Öl, 1/8 l Wasser, 1 Prise Salz, **Strudelfüllung:** 4 Stück nicht zu reife Mangofrüchte, 150 g Mohn - eingelegt in 1 l Milch, 3 EL Crème fraîche, 3 EL dicke Pâtisseriecrème, 1 Zitrone

↘ *Das gesiebte Mehl auf den Tisch geben, so dass man eine Vertiefung in die Mitte drücken kann. Hier hinein gibt man lauwarmes Wasser und die Prise Salz. Um das Mehl herum verteilt man die Butter und knetet alles zu einem geschmeidigen Teig. Der Teig muss ganz glatt geknetet sein. Anschliessend legt man ihn in eine vorgewärmte Schüssel und lässt ihn 1 Stunde bedeckt ruhen. Danach kann man den Teig verarbeiten.*

↘ *Den Mohn in der Milch aufkochen und gut 1 Stunde stehen lassen. Aus der Crème fraîche, Crème Pâtissière, Zitronensaft und dem abgeschütteten Mohn eine Mischung herstellen. Die Mangofrüchte schälen und in nicht zu grosse, aber dünne Scheiben schneiden. Den dabei austretenden Saft in die Mischung geben.*

↘ *Strudelteig so dünn wie möglich ausrollen, auf ein Tuch legen und gleichmässig und dünn die hergestellte Mischung schnell aufstreichen. Nun die Mangoscheiben darauf verteilen und den Strudel sofort aufrollen. 10 Minuten bei 240°, dann bei 160° nachbacken, insgesamt ca. 25 bis 30 Minuten. Vorsichtig mit scharfem Sägemesser in daumendicke Scheiben schneiden und flach liegend auf warmen Dessertellern servieren.*

MEINE VIER MENUS DER JAHRESZEITEN

VIEL ARBEIT – ABER JEDE MENGE GENUSS

Tischkultur und Tradition des Speisens gehören zu unserer Lebensqualität. Gutes Essen und Kochen mit Familie und Freunden bringt Freude, Gesundheit und Wohlbefinden. Franz Keller hat vier Menus nach den Jahreszeiten gekocht. Vom Löwenzahnsalat mit Speck bis zum Erdbeer-Feuilleté mit Mandel-Vanilleeis. Guten Appetit!

SPARGEL | SCHÄLEN | KERBEL | KERBEL
... | STAND | HACKEN | IN BUTTER
 | | | ZERLASSEN

KIRSCHEN-CRÊPE — HERBST 4

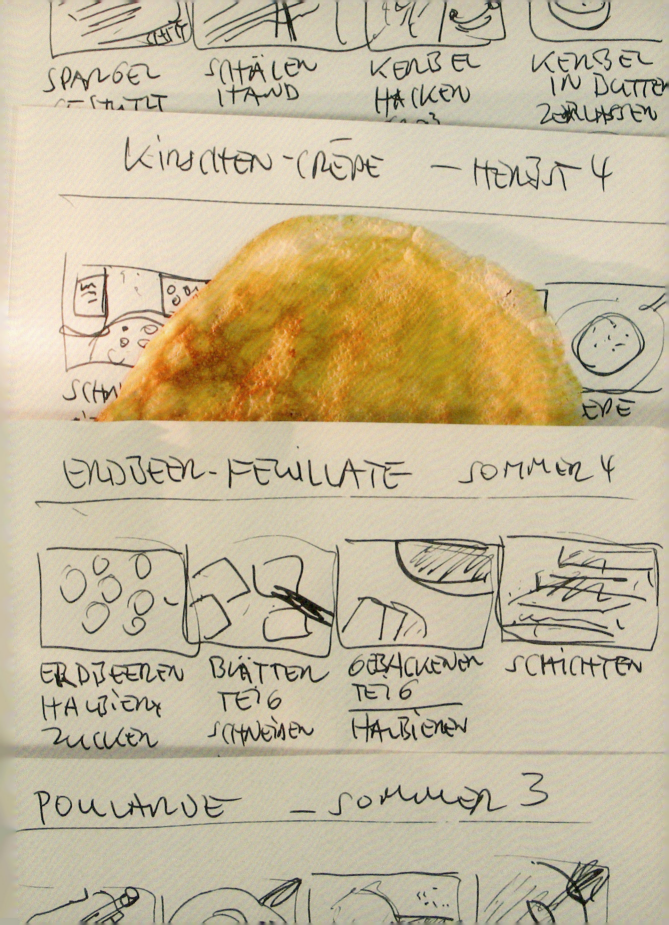

ERDBEER-FEUILLETÉ SOMMER 4

ERDBEEREN | BLÄTTER- | GEBACKENER | SCHICHTEN
HALBIEREN | TEIG | TEIG |
ZUCKERN | SCHNEIDEN | HALBIEREN |

POULARDE — SOMMER 3

MEINE VIER MENUS DER JAHRESZEITEN

Wer über gutes Kochen und gutes Essen nachdenkt, wird an der Frage nach verbindlichen Werten nicht vorbeikommen. Was ist gut? Was ist förderlich für Geschmack, Verdauung, Gesundheit, Wohlbefinden? Was ist abträglich?

Es gibt junge Köche, deren Bücher erscheinen in Millionenauflagen, sie finden ihr junges Publikum mit seismographischer Präzision. Die Botschaft dieser Bücher lautet: es ist gar nicht so schwer, gut zu kochen, das kannst du auch. Ich finde diesen Gedanken begrüssenswert.

Was ich nicht nachvollziehen kann, ist die Verklärung des Kochens zu einer modischen Angelegenheit. Für mich ist Kochen nicht modisch, sondern viel mehr alt-modisch. Der Wert einer guten, oder exzellenten Mahlzeit ist nicht nur nicht austauschbar, sondern auch zeitlos, unveränderbar. Eine gute Mahlzeit war zu allen Zeiten eine gute Mahlzeit und wird es immer sein. Nur die Umstände und die Möglichkeiten ändern sich.

Meine Wertmasstäbe für gutes Kochen und gutes Essen haben eine erprobte gastronomische Tradition, die ich benennen kann: Authentizität der Produkte und Speisen-Kreationen unter Beibehaltung des notwendigen Respekts vor den Rohstoffen und vor der Natur, Glaubwürdigkeit durch unprätentiöse Einfachheit, Ehrlichkeit in der Kalkulation, Vertrauen und Offenheit als Wechselwirkung zwischen Gast und Gastronom. Die Faszination des Kochens selbst liegt für mich im Handwerk, in Abläufen, die immer wieder durchgespielt wurden, bis zur Perfektion. Das ist der Wertmasstab meines eigenen Handelns: wenn ich Tätigkeiten und Abläufe beherrsche, kann ich meinen Ideen und Kreationen Gestalt in Form eines Menus oder einer Speisenkomposition geben. Aber nur dann. Wenn ich als Privatmann Gäste einlade und diese bekoche, habe ich keine Zeit zum Üben. Das muss vorher geschehen.

Das Mis-en-Place muss fertig sein. Zwiebeln, Schalotten, Knoblauch, Petersilie müssen gehackt oder in Würfelchen geschnitten in kleinen Schalen bereitstehen – abgedeckt mit Klarsichtfolie bis zum endgültigen Start des Kochens. Ausserdem ist der selbst gemachte Fond fertig – Gemüse-, Hühner-, Fisch- oder Rinderfond. Wie man das macht, steht in jedem besseren Kochbuch. Ich habe auch das Gemüse schon geputzt und bereitgestellt, die Tomaten schon abgezogen. Und natürlich mein Fleisch pariert, die Fische geschuppt oder was auch immer anliegt, getan. Die Vorbereitung ist Arbeit, der Rest ist pures Vergnügen. Das Erlebnis des Kochens und späteren Essens führt dich direkt zur Lebensfreude und, wenn du Glück hast, auch zum Erleben und Erkennen deiner selbst.

Meine „Neue alte Küche" bedeutet viel Arbeit, aber auch jede Menge Genuss. Ich bin der Meinung, dass das eine ohne das andere auf Dauer nicht zu ertragen ist.

FRANZ KELLER

Im Laufe der Jahre habe ich gelernt, dass die von mir ständig angestrebte und durch die Umstände geforderte Perfektion im eigentlichen Sinne genussfeindlich ist. Immer dann, wenn ich mich in einer beruflich extrem angespannten Lage befand, zum Beispiel als Küchenchef in der „Bühlerhöhe" mit mehr als 100 Mitarbeitern, verlegte ich mein eigenes Geniessen in die Nacht, in die Zeit, die eigentlich zum Schlafen da ist. Wer aber nicht selbst das lebt, was er für andere macht, kann nicht glaubhaft im „Genussmetier" tätig sein und dort erfolgreich sein. Ein Schriftsteller sollte etwas von dem, was er schreibt, selbst erlebt haben. Die Qualität der Stoffe von Hemmingway beispielsweise ist gerade deshalb so ergreifend. Seinen Geschichten und Romanen haftet „Stallgeruch" an; man glaubt, man sei dabei. Niemand nimmt sich mehr die Zeit, es ihm nachzutun. Und deshalb bleibt er unerreicht.

Meine Suche oder mein Weg, was das Kochen und Essen betrifft, ging und geht immer in dieselbe Richtung, je länger desto konzentrierter. Ich war und bin immer auf der Suche nach guten und stimmigen Produkten, nach Optimierung von Qualitäten, sei es bei der Herstellung oder sei es beim Kochen. Und ich bin nicht mehr so sehr auf der Suche nach neuen Kreationen, die der Unterhaltung meiner Gäste dienen. Ich will sie nicht unterhalten, ich will sie versorgen. Und zwar mit dem Besten, was sie kriegen können. So einfach ist das. Ich pflege und brauche den Kontakt zu einem Kreis von Gästen, bei denen ich im Wortsinn das Gefühl habe, dass sie das zu schätzen und zu geniessen wissen, was ich ihnen anbiete.

In Frankreich, Italien und in Spanien sind die Strassen auf dem Lande, auf den Dörfern und in den Kleinstädten zwischen 12 und 15 Uhr so gut wie ausgestorben. Niemand ist auf den Strassen zu sehen, weil alle irgendwo bei Tisch sitzen. Ich bin davon überzeugt, dass dies Spuren und Zeichen vom eigentlichen Leben sind. Für mich ist das Bild einer guten Gastronomie auch immer an Menschen oder Persönlichkeiten gekoppelt, zu denen man geht, mit denen man diskutiert, bei denen man sich informiert. Und bei denen man sich gehen lässt – und es sich wohl ergehen lässt.

Ich befinde mich auf einem langen Weg, der noch nicht zu Ende gegangen ist. Nur wenn ich auf dem Fischerboot mitfahre, weiss ich, was der Fang gebracht hat. Nur wenn ich meine Produkte selber erzeuge, bzw. die Kontrolle über die Erzeugung habe, kann ich für mich und auch gegenüber meinen Gästen, die ich in ihren Ansprüchen genauso ernst nehme wie mich selbst, von der Grundlage für gutes Essen und Genuss sprechen. Und authentisch sein. Mein Ziel ist ein pulsierendes und mit bunt gemischtem Publikum gefülltes Lokal, auch schon am Mittag. Es geht mir dabei um Tischkultur und Tradition des Speisens, die meiner Meinung nach untrennbar zur Lebensqualität gehört, und als wirksamstes Mittel gegen den meist künstlichen Stress und die selbst auferlegte Hektik helfen kann.

Was könnte vom Tageswerk nicht auch mit einer ein- bis zweistündigen Unterbrechung erledigt werden – angereichert mit einer Extra-Portion Freude und Lebensgefühl?

FRÜHJAHRS-MENU

⇘ LÖWENZAHNSALAT MIT SPECK

⇘ FINTHER SPARGEL MIT BUTTER UND KERBEL

⇘ MILCHZICKLEIN-SCHULTER MIT FRÜHLINGSZWIEBELN

⇘ TARTE TATIN MIT HONIGEIS

MEINE VIER MENUS DER JAHRESZEITEN – FRÜHJAHR 1. GANG

LÖWENZAHN-SALAT MIT SPECK

ZUTATEN 4 PERSONEN
Ende Januar bis März
die frischen kleinen Blätter des
Löwenzahns pflücken.
3 Schalotten / Olivenöl
Salz / Pfeffer / Muskat
1 EL Weisswein / 3 Kartoffeln
70 g mild geräucherter,
durchwachsener Speck
Pro Teller ein verlorenes Ei

↘ *Im Frühjahr grünen, wild gewachsenen Löwenzahn suchen, bevor er gelb ist und bevor er blüht. Wenn er blüht, ist er bitter und schmeckt nicht mehr. Man muss sich schon ein wenig bücken und schauen, dass man die richtigen Pflanzen erwischt.*

↘ *Man holt den Löwenzahn also, wäscht ihn, und macht ihn auf, das heisst, man holt ihn ja mit dem Messer an der Wurzel heraus, und schneidet jetzt die Wurzel weg und hat dann einzelne Blätter. Möglichst vorher putzen, dann hat man es leichter.*

↘ *Nun wird der Löwenzahn auf ein Sieb gelegt und mit heissem, brühendem Wasser übergossen. Er wird nicht blanchiert, sonst ist er hinüber. So nimmt man die meisten Bitterstoffe weg und er wird milder. Dann lasse ich in Traubenkernöl die klein geschnittenen Schalotten und den klein geschnittenen Speck angehen, das heisst, glasig ziehen. Der Speck darf nicht zu hart sein, ist ja auch nicht so gut, weil er gesalzen ist und gepökelt. Wenn er verbrannt*

oder zu dunkel geworden ist, ist er schädlich. Also einfach nur ein wenig krösseln; einfach aus dem Grunde, dass die Speckwürfel nicht so gut verdaulich sind, wenn sie roh bleiben. Wenn sie glasig angegart sind, schmecken sie vielleicht weniger stark, aber sie machen auch weniger Probleme bei der Verdauung. Wenn dann der Speck und die Eschalotten soweit sind, drücke ich in dieses viele Fett, das nicht frittieren und nicht zu heiss sein

darf, die Pellkartoffel durch eine Spätzlepresse hinein. Diese Masse vermische ich wieder und gebe sie heiss auf den Löwenzahnsalat, rühre dreimal um und stelle ihn in unserem Falle an den Herdrand oder eben an einen warmen Platz, wo er einfach noch einmal eine halbe Stunde zieht. Dadurch wird der Löwenzahnsalat weicher, isst sich leichter und es ist auch einfach schmackhafter, weil das eine vom andern den Geschmack annimmt. Abschmecken mit Salz, Pfeffer, einer Prise Muskat und einem Schuss ganz normalem Weissweinessig.

↘ *In Deutschland gibt es ja das Gesetz, dass Essig immer 6 Grad Säure haben muss. Das ist eigentlich viel zu viel. Ich nehme immer einen halbtrockenen Weisswein und Essig zu gleichen Teilen, mische dies in einer Flasche, stelle das auf meinen Arbeitstisch und habe so einen halb so sauren Essig, von dem ich auch getrost mal einen Schluck mehr ins Essen geben kann.*

↘ *In der Zwischenzeit koche ich die verlorenen Eier. Wie man das macht, weiss ja jedes Kind: aus der Schale schlagen, in eine Tasse geben und dann in heisses Essig- und Salzwasser einlegen. Die Eier müssen aber so sein, wie es heute in der Gastronomie verboten ist, nämlich innen noch roh. In der normalen deutschen Küche sind ja die Eier inzwischen so schlecht, dass man sie nur noch hart gekocht essen darf, alles andere ist verboten. Die Eier, die ich verwende, kann ich schadlos roh essen, aus dem Hühnernest heraus. Ich will das rohe, sämige, cremige Eigelb, um dem Salat den letzten Schuss Geschmeidigkeit zu geben. Das Ei lege ich oben drauf, ritze es an, damit das Eigelb schön herausläuft. Sieht gut aus und schmeckt auch gut.*

FINTHER SPARGEL MIT BUTTER UND KERBEL

ZUTATEN 4 PERSONEN
Pro Person 250 g Spargel
50 g Butter, 2 Bund Kerbel
Schnur zum Binden, Eiswürfel

↘ Ich benutze in unserem Fall Finther Spargel, einem Vorort von Mainz, dort gibt es noch Spargeläcker mit Superboden und leichtem Kiesanteil. Spargel sollten Sie immer ganz frisch verwenden, also frisch gestochen. Man sieht das unten an der Schnittstelle. Je vertrockneter diese ist, desto weniger sollte man ihn kaufen. Spargel ist ein Gewächs, was ganz schnell gegessen werden muss, deshalb bringt es überhaupt nichts, importierten Spargel zu kaufen. Warten Sie, bis er dort aus dem Boden kommt, wo Sie leben. Natürlich wohnt nicht jeder in der Nähe eines Spargelackers. Hier gilt: So nah wie möglich vor Ort kaufen.

↘ Vorher muss er 5 Min. in kaltes Wasser. Er lässt sich viel leichter schälen, die Schale wird geschmeidiger. Dann brauche ich einen scharfen Spargelschäler. Für diejenigen, die noch nie Spargel geschält haben: am Kopf zart festhalten und von oben zum Fuss hin schälen. Nach unten den Druck erhöhen. Dann wird er unten abgeschnitten. Beim frischen Spargel reicht es, wenn man nur ein paar Millimeter abnimmt.

↘ Dann setze ich Wasser auf, ohne die Schalen. Ich verzichte darauf, weil die Schalen Bitterstoffe enthalten, die ich nicht brauche. Dann wird der Spargel gebündelt. Wir machen das manchmal in 125 Gramm oder in 250 Gramm Portionen, je nachdem, ob es eine Vorspeise oder ein Hauptgericht werden soll. Der Spargel kommt gebunden ins Wasser und wird langsam geköchelt. In dem Wasser sollte sein: eine ungespritzte halbe Zitrone, die vorher ein wenig ausgepresst wird, ein bisschen Meersalz und ein Schuss Olivenöl oder ein Stich frische Butter. Ich persönlich neige mehr zur Butter, weil das den zarten Spargelgeschmack nicht zu sehr verändert. Spargelkochen ist etwas Sensibles. Man muss daneben stehen bleiben und ständig prüfen, ob sie gut sind. Es geht oft von der einen Minute auf die andere – einfach eine Spargelstange mit einem Sieblöffel herausholen und prüfen. Es gibt keine zeitlichen Richtwerte. Grob gesagt um die 8-10 Minuten. Meist ist er vorne fertig und hinten noch nicht. In dem Falle nehme ich ihn heraus und decke ihn mit Alufolie zu, damit er langsam nachzieht. Wenn er langsam nachzieht, wird er hinten am Ende auch noch zarter ohne vorne zu verkochen.

↘ Wenn man Leute eingeladen hat und die faulen Säcke nicht mitkochen wollen und man alles selber machen muss und die Spargeln gibt es erst im zweiten Gang, würde ich ihn vorher ankochen, ihn aus dem Kochwasser herausnehmen und in kaltem Wasser mit Eiswürfeln abschrecken. Das hat den Vorteil, dass der Kochvorgang sofort gestoppt wird und er noch schön aussieht. Das ist aber ein kleiner Geschmacksverlust.

↘ Ich habe den Spargel also jetzt geschreckt, weil ich mich zu meinen Gästen setzen will beim ersten Gang. Danach stehe ich auf, mache das Kochwasser noch mal heiss und tauche den Spargel zwei Minuten ins Wasser. Dann lege ich ihn auf ein Tuch, damit er abtropft, lege ihn auf den Teller und giesse eine frische Bio-Butter darüber, weil die normalerweise viel mehr Geschmack hat. Die Butter zergehen lassen, nicht köcheln, sonst verändert sich der Geschmack. Dann eine Handvoll grob gehackten Kerbel dazu geben, einmal umrühren und über die Spargeln giessen. Den Rest des gehackten Kerbels oben drauf, weil es lecker aussieht. Der Spargel sollte nur lauwarm sein und die Butter darf nicht wieder fest werden. Deshalb sofort essen.

MEINE VIER MENUS DER JAHRESZEITEN – FRÜHJAHR 3. GANG

MILCHZICKLEIN

ZUTATEN FÜR 4 PERSONEN

1 Milchzickleinschulter
4 Frühlingszwiebeln
6 Karotten / 1 mittlere Sellerieknolle /
Zwiebeln / Schalotten / Pfeffer / Salz
Olivenöl / Rosmarin / Salbei / Thymian

◥ Das Zicklein sollte aus ganz jungem Fleisch sein, möglichst weiss. Milchlamm ist genauso, Kalb gehört auch dazu. Das Produkt hat viel Gelatine, ist zart und weich, hat aber wenig Geschmack. Das bedeutet: man muss etwas daran tun. Früher war das einmal Schonkost. Man schneidet die einzelnen Stücke, aber mit den Knochen. Ein ganzes Schulterblatt zum Beispiel wird noch besser vom Geschmack, wenn man es einfach einmal durchhackt, das Mark des Rohrknochens läuft aus. Oder man lässt es ganz. Das eine sieht besser aus, das andere schmeckt besser.

◥ Dann lege ich es ein in Olivenöl mit frischem, jungen Knoblauch, der noch weiche Haut hat, und mit frischen, klein geschnittenen Frühlingszwiebeln. Dann kommt eine Gemüsegarnitur dazu, Möhren, Sellerie, Zwiebelstücke, Schalottenstücke, Salbei, Thymian, Rosmarin. Innerhalb von drei, vier Stunden muss das Fleisch ein-, zweimal umgedreht werden, damit es von allen Seiten zieht. Am Besten ist, man macht das am Tag vorher, wenn man es am nächsten Tag für sich und seine Gäste garen will. Im Kühlschrank passiert allerdings relativ wenig. Weil es einfach zu kalt ist für einen Aromenaustausch, stellt man die Marinade mit dem Fleisch nachmittags in die Küche und deckt ein Tuch darüber.

◥ Dann wird das Fleisch mit einer Bratengabel herausgeholt und man kratzt alles ab, was verbrennen könnte und brät es in frischem Olivenöl an. Beim Olivenöl von der Marinade ist das Risiko da, dass das Öl Fleischsaft gezogen hat und es spritzt und raucht in der Pfanne.

◥ Das Fleisch wird recht kräftig angebraten und dann in eine Kasserolle mit Deckel gelegt. Die Gemüse und Kräuter werden auch kurz angebraten und kommen zusammen mit dem Marinadenöl dazu. Das Bratöl wird weggegossen, weil es zuviel Hitze abbekommen hat. Das ist nicht bekömmlich. Ich gebe Weisswein dazu und schiebe die Kasserolle für 45 Minuten in den Backofen. Das Bratgut muss nun schmoren. Dann nehme ich den Deckel ab und gebe eine halbe Stunde reine Oberhitze, damit eine Seite des Fleisches wieder Farbe bekommt. Dann ist es nämlich kein Kochfleisch, sondern wirklich Bratfleisch.

◥ Es gibt jetzt zwei Möglichkeiten. Wenn man sich nicht soviel Arbeit machen möchte, serviert man es mit dem nicht mehr ganz so gut aussehenden Gemüse aus der Kasserolle. Man kann das aber auch veredeln, indem man alles durch ein Sieb mit einem Mörser oder einer Schöpfkelle drückt. Mit einem bisschen Brühe mache ich diese Paste dann zu einer Sauce und serviere sie dazu. Die glänzt dann zwar nicht und sieht nicht gut aus, aber sie hat einen hervorragenden Geschmack. Es ist immer die Frage, ob ich eine wahnsinnig einreduzierte Jus oder eine Sauce herstelle, die ich auch noch glänzend mache mit Butter. Frischer Butter. Ästhetisch sieht so eine Sauce immer besser aus, das ist klar. Aber ein durchpüriertes Extrakt von Gemüse und Kräutern hat wahnsinnig viele Aromen und ich kann die noch ein wenig schöner machen, indem ich dann einfach noch einmal frisch gehackte Kräuter darunter ziehe. Für die Farbe nehme ich so vier, fünf Frühlingszwiebeln. Ich schneide sie in der Mitte durch, wasche sie und bündele sie mit Schnur. Und dann kann ich sie, wenn ich will, in Fleischbrühe oder in Salzwasser kochen. Ich hole sie aus der Flüssigkeit heraus, lege sie auf ein Brett, schneide sie in kleine Stücke und lege das noch dazu.

MEINE VIER MENUS DER JAHRESZEITEN – FRÜHJAHR 4. GANG

TARTE TATIN MIT HONIGEIS

FRÜHJAHRS-MENU 4.

ZUTATEN FÜR 4 PERSONEN

600 g Golden Delicious
120 g Zucker / 75 g Butter
1 Scheibe gefrorener Blätterteig
HONIGEIS: Rezept siehe Seite 155

▸ Die Tarte besteht aus Butter, Zucker, Äpfeln und Blätterteig und ist eines der ältesten Kuchenrezepte überhaupt. Ich nehme, man möge es mir verzeihen, den deutschen alten, langweiligen Delicious Apfel dazu. Im Rohzustand ist er kaum zu essen, weil er fast keine Struktur und fast keine Säure hat. Aber komischerweise – ich habe dieses Rezept schon mit allen möglichen Äpfeln probiert – schmeckt für die Tarte Tatin der Delicious am besten, weil er fast etwas Souffléartiges hat. Er ist ganz leicht und neigt nicht zum Vermatschen, wenn er richtig reif ist. Er muss wirklich gelb und reif sein, nicht grün, sonst wird er wie Apfelbrei. Wenn er richtig reif ist, bleibt die Struktur erhalten, weil er so mehlig ist und trocken.

▸ Äpfel schälen, entkernen, in Achtel oder in Sechstel schneiden, je nach Grösse. Dann nimmt man die Butter, lässt sie zerlaufen – bitte nicht bräunen – und gibt die Äpfel hinein, die aber keine Farbe bekommen sollen. Dann kommt der Zucker dazu und wird mit den Äpfeln in der Butter gemischt.

▸ Der Blätterteig wird vorher passend wie ein Pfannedeckel geschnitten, nachdem er ausgerollt wurde. Er wird in gefrorenem Zustand oben auf die Pfanne gelegt. Bei grosser Allgemeinhitze richtig lange backen – eine

halbe bis eine dreiviertel Stunde. Man muss aufpassen, dass der dünne Teig von oben nicht verbrennt, bevor die Äpfel soweit sind. Jetzt kommt der entscheidende Schritt: das Karamellisieren. Ich nehme die Pfanne aus dem Ofen und stelle sie auf den Herd. Die Äpfel ziehen bei der Hitze erstmal nur Wasser und liegen in der eigenen Flüssigkeit. Wenn ich jetzt schon anfange, die Pfanne zu drehen, habe ich nachher Matsch.

▸ Ich klappe also erstmal eine Seite vom Blätterteig nach oben, damit ich sehe, wieviel Flüssigkeit noch in der Pfanne ist, und stelle die Masse dann auf eine halb starke Gasflamme und lasse sie köcheln. Es geht darum, dass die Flüssigkeit aus Butter, Zucker, und Apfelsaft einkocht. In dem Moment, wo sie eingekocht ist, mache ich den Blätterteigdeckel wieder zu und beginne, die Pfanne auf dem Gas von links nach rechts oder von rechts nach links durch so einen Schwenk immer zu drehen. Die ganze Masse bewegt sich dann in der Pfanne, damit das Zucker-Butter-Apfel-Gemisch nicht nur stellenweise braun wird, sondern regelmässig überall. Und dann findet das Karamellisieren statt.

▸ Man kann keine Zeitangabe machen. Ich habe immer meine Nase dabei und ich rieche. In dem Moment, wo es karamellisiert riecht, ist es meistens Zeit. Nun lege ich einen Deckel aus Aluminiumblech oder Holz oben drauf und drehe in einem Schwung um. Dabei vorsichtig sein, vielleicht ein Tuch über die Hand legen und auf den Arm.

▸ Wenn Sie es zu früh machen und noch Flüssigkeit in der Masse ist und die Ihnen über den Arm läuft, könnte es passieren, dass es wehtut. Ich persönlich habe die Tarte am liebsten dunkel und warte, bis es fast qualmt. Auf unserem Foto ist sie ein bisschen hell, hat aber schon karamellisiert. Sie werden sehen, dass die Apfelstücke ineinander eingehen, weil sie eine gewisse Weichheit haben. Aber die Struktur ist nicht verloren. Der Deckel bekommt die Funktion des Bodens und verlangt danach, sofort verzehrt zu werden mit dem Eis. Die Tarte ist frisch am besten.

SOMMER-MENU

↘ TOMATENSUGO MIT BASILIKUM UND PINIENKERNEN

↘ GEMÜSESUPPE MIT GEBACKENEM SALBEIBLATT

↘ KEULEN VON DER FREILANDPOULARDE MIT PETERSILIENPÜREE

↘ ERDBEEER-FEUILLETÉ MIT MANDEL-VANILLEEIS

MEINE VIER MENUS DER JAHRESZEITEN – SOMMER 1. GANG

TOMATENSUGO MIT BASILIKUM UND PINIENKERNEN

ZUTATEN FÜR 4 PERSONEN
Ein erfrischender Beginn
des sommerlichen Menus.
Besonders gute Tomaten aus
dem eigenen Garten oder schöne,
richtig reife, italienische Fleischtomaten.
10 Tomaten / 2 Bund Basilikum
1 Tasse Olivenöl / Pinienkerne
Pfeffer / Salz /
trockene Brotscheiben

↘ Wir brauchen frische Tomaten von bester Qualität, am besten Bio. Cherry Tomaten und überhaupt kleine Tomaten sind nicht geeignet. Die Tomaten werden kreuzförmig angeritzt und dann kurz in heisses Wasser gegeben, nicht mehr als 30 Sekunden, eher weniger, um die Schale leicht abziehen zu können. Dann quetscht man die Kerne heraus, dann schneidet man innen auch das Weisse heraus und würfelt den Rest. Das ist die Basis.

↘ Dann wird das Olivenöl mit dem Basilikum zugegeben. Bestes Olivenöl und Basilikum wird schon mindestens einen Tag vorher zubereitet. Die Basilikumblätter in grobe Streifen schneiden. Bitte nicht fein schneiden; Basilikum ist ein sehr empfindliches Gut, das aus ätherischen Ölen besteht, die ganz schnell verfliegen. Deshalb darf man es nicht so fein schneiden, wie man das mit Petersilie machen kann. Wenn man das macht, ist der Geschmack weg und man hat nur noch eine grüne Masse. Also nicht quetschen, sondern in breite Streifen schneiden, die sofort in Olivenöl eingelegt werden, möglichst viel Basilikum in nicht so viel Öl. Über Nacht kalt stellen, aber nicht in den Kühlschrank. Wenn die Masse 24 Stunden gezogen hat, kann man sie auch in den Kühlschrank stellen.

↘ Jetzt werden die Tomaten gesalzen und mit frisch gemahlenem weissen Pfeffer gepfeffert und mit der Olivenöl/Basilikum Masse durchmischt. Zusammen ziehen lassen bei Zimmertemperatur, mindestens zwei Stunden. Und dann die ganze Masse wieder über Nacht in den Kühlschrank stellen.

↘ Zum Anrichten der Speise röste ich trockene, gewürfelte Brotscheiben, und gebe sie auf den Boden des Sugo-Gefässes, damit der wässerige Anteil des Sugos vom Brot aufgesogen wird und das Sugo an sich dicker wird. Wenn das Sugo eingefüllt ist, gebe ich Pinienkerne, die ich ohne Öl in einer Teflonpfanne unter leichtem Schwenken röste, über die Masse. Das Anbräunen aktiviert die Geschmacksaromen.

↘ Diese Art von Sugo ist eine ganz simple Angelegenheit, die bei der einfachen italienischen Küche zur Grundausstattung gehört, im Sinne einer Grundsauce. Aber man kann es auch kalt geniessen wie es ist, zusammen mit Weissbrot und einem leichten Weisswein. Meine Gäste sind darauf ganz scharf.

MEINE VIER MENUS DER JAHRESZEITEN – SOMMER 2. GANG

GEMÜSE-SUPPE MIT GEBACKENEM SALBEIBLATT

ZUTATEN FÜR 4 PERSONEN

Leicht und frisch aus den sommerlichen Gärten – ein duftender Zwischengang.
Karotten / Fenchel / Stauden-Sellerie
Navetten (weisse Rübchen) / Petersilienwurzeln / Kalbsbrühe / Meersalz
Salbeiblätter / Petersilie
Schnittlauch / Olivenöl

↘ Wir brauchen alles, was wir an Gemüse auftreiben können bzw. zur Hand haben. Frisch, jung und gut. Zum Beispiel: Selleriestangen, Navetten (weisse Rübchen), Petersilie, Petersilienwurzeln, Sellerieknollen, Fenchel und Karotten. Alles wird gewürfelt, soweit es geht. Die Blätter der Selleriestangen werden zerkleinert und auf die Seite gelegt. Sie kommen dann wie frische Petersilie später dazu. Auf keinen Fall mitkochen. Wenn man Selleriestangen hat, braucht man die Knollen nicht mehr so sehr, weil die Stangen bessere Aromen haben. Letztere schneidet man dann in dünne Scheibchen. Das Ganze wird kurz angeröstet bzw. angebraten mit etwas Butter oder Olivenöl. Wir geben natürlich auch ein Rosmarin- oder Thymiansträusschen mit hinein, damit ein paar Aromate darin sind. Wenn man möchte, kann man eine ungeschälte Knoblauchzehe mit hineintun und mitkochen.

↘ Vegetarier sollten vorher eine Gemüsebrühe kochen, zum Beispiel mit den Schalen oder anderem Gemüse, das nicht mehr so schön oder frisch ist. Die Suppe wird dann mit der Brühe angesetzt und mit dem frischen Gemüse verfeinert, das jetzt darin geköchelt wird. Für mich ist es am besten, wenn das Ganze mehr wie ein Eintopf aussieht als eine Suppe. Es bleibt sehr leicht, auch wenn es recht dickflüssig ist, weil wir sehr wenig Fett verwenden. Meine Philosophie ist ja, wie bereits bekannt, lieber ein wenig mehr kochen als zu wenig. Wenn ich von der Suppe etwas übrig habe am nächsten Tag, kann ich sie in einer kleinen Schale kalt als Amuse Geule reichen oder in ein leichtes Omelette einbacken.

↘ Zurück zur Suppe. Ich bin immer hinter dem eigentlichen Geschmack her und kein Freund davon, alles künstlich zu verstärken. So haben Geschmacksverstärker jeder Art wie Glutamat und so weiter in unserer Küche natürlich nichts verloren. Wir salzen mit reinem Meersalz, aber sehr vorsichtig. Wenn ich Bio-Gemüse verwende, brauche ich kaum noch zu salzen, weil der Geschmack von sich aus so intensiv ist. Ich gebe zum Schluss, wenn ich die Suppe vom Feuer nehme, noch etwas frisch gehackte Petersilie und Schnittlauch hinzu und lege frisch geschnittene Stangensellerie-Herzen darauf und würze ganz leicht mit etwas Muskat nach. Mit Pfeffer halte ich mich zurück; der gehört mehr zum Fleisch. Ausserdem steht auf dem Tisch eine Pfeffermühle, so dass sich jeder nach Belieben nach würzen kann.

↘ Die Salbeiblätter werden kurz in Öl frittiert und oben drauf gelegt. Der Salbei ist in rohem Zustand recht derb für die Zunge und schmeckt frittiert einfach besser.

MEINE VIER MENUS DER JAHRESZEITEN – SOMMER 3. GANG

SOMMER-MENU 3.

FREILAND-POULARDE MIT PETERSILIEN-PÜREE

ZUTATEN FÜR 4 PERSONEN
4 Freilandpoularden-Keulen
4 frische Knoblauchknollen
mit dem Stiel dran
1/2 Tasse Xeresessig / Weisswein
Eschalotten / Tomaten
Kräuter / Salz / Pfeffer / Olivenöl
4 Bund krause Petersilie / 40 g Butter

➢ Wir beginnen mit dem Auslösen der Keule: den Schluss- oder Hüftknochen entfernen und den zweiten Knochen zwischen der Keule und der Hüfte freilegen. Nach dem Salzen und Pfeffern kann man es auf der Hautseite kräftig anbraten, damit es sich zusammenzieht, und wir haben eine wunderbare grosse Keule mit dem Hüftfleisch vorne dran. Da das Fleisch sehr saftig ist, nimmt es dem Geschmack nichts, wenn der Hüftknochen entfernt ist. Der andere Knochen, der wirkliche Keulenknochen, muss darin bleiben, weil sich die ganze Keule sonst verformt und das Fleisch nicht richtig gart. Nach dem Anbraten beider Seiten gibt man ungeschälte Knoblauchzehen dazu und schiebt das Ganze mit der Haut nach oben in den Ofen und lässt es bei ca. 150 Grad vielleicht zwanzig Minuten braten. Anschliessend muss es herausgenommen und am Herdrand ziehen gelassen werden. Zu Hause stellt man es einfach bei geöffneter Backofentür auf die Klappe des Ofens. Man kann auch ganz jungen ägyptischen Knoblauch, den man quer aufschneidet, und frischen Thymian oder Rosmarin zusammen mit dem Poulet in den Ofen geben.

➢ Zu dem Gericht gehört eine Essig-Sauce auf französische Art. In Frankreich heisst das Gericht „Poulet Vinaigre". Das ist nicht so bekannt und wird oft falsch verstanden wegen des Essigs, der hier nur im Salat akzeptiert wird. Die Säure erfrischt und richtet auf, wenn man im Sommer schwitzt, müde und erschöpft ist. Wir nehmen ein paar Eschalotten, schneiden sie klein und würfeln sie und braten sie in etwas Olivenöl an. Dann kommen gewürfelte Tomatenstücke dazu. Tomaten und Eschalotten mit etwas Essig – für vier Personen würde ich 4 cl puren Weissweinessig nehmen – und mindestens noch dem Dreifachen an Weisswein, zusammen mit Kräutern und Knoblauch verkochen lassen. Hinterher mit dem Mixer zerkleinern und anschliessend durch ein Sieb drücken. Die Substanz, die herauskommt, ist die Basis für die Sauce. Dann beginnt man wieder von vorn, nimmt wieder Schalotten, klein geschnitten, brät diese an in etwas Olivenöl, gibt wieder Tomatenwürfel dazu und nimmt das, was man durch das Sieb gedrückt hat als Verbindung und rührt es unter, probiert, schmeckt ab mit Salz und Pfeffer und macht dann noch ein wenig Schnittlauch daran und ein bisschen frischen Thymian. Die Kräuter dürfen nicht mehr mitkochen. Erst wenn die Sauce fertig gekocht und abgeschmeckt ist, werden die Kräuter untergerührt. Noch mal abschmecken und dann unter dem Poulet anrichten, Poulardenbrust darauf, die Garnitur, die man mitgebraten hat, – wenn sie noch schön aussieht – daneben legen, wenn nicht, lässt man sie weg.

➢ Das Petersilienpüree ist eine diffizile Sache, die sehr gut schmeckt und die man überhaupt nicht vorbereiten kann, weshalb man es selten in Restaurants bekommt. Man nimmt krause Petersilie dazu, weil die etwas herber und kräftiger als die glatte ist. Mit glatter Petersilie sieht das Püree oft ziemlich tot aus.

➢ Ich gehe hin, zupfe die Petersilie ab, ohne Stiele, weil diese bitter sind. Ich nehme einen kleinen Topf und fülle dort – wirklich nur den Boden bedeckend – etwas Wasser hinein und gebe ein bisschen Butter dazu, 40 Gramm für vier Personen. Die Petersilie wird oben drauf gegeben. Dann stelle ich den Topf mit geschlossenem Deckel auf den knallheissen Herd und warte. Die Petersilie fällt innerhalb von zwei, drei Minuten zusammen, und man hat fast keine Flüssigkeit. In einer Moulinette oder mit dem Zauberstab, wird die dicke Masse fein zerkleinert und anschliessend zurück in den Topf mit dem Rest des Fonds gegeben. Der Fond ist die Bindung und macht die Masse schmalzig. Jetzt schnell ein wenig Butter untermontieren, salzen, pfeffern und mit zwei Löffeln, die gegeneinander gehalten werden, servieren – fertig. Die Verbindung der Essig-Gemüse-Sauce mit dem kross gebratenen Poulet und dem kräftig schmeckenden Petersilienpüree ist ein herrliches Sommergericht für ein Essen auf der Terrasse.

ERDBEER-FEUILLETÉ MIT MANDEL-VANILLEEIS

SOMMER-MENU 4.

ZUTATEN FÜR 4 PERSONEN
750 g Erdbeeren
100 g Zucker
1/2 l Schlagsahne
4 Blatt Blätterteig
Mehl
Mandelsplitter

VANILLEEIS: Siehe Rezept Seite 190

↘ Feuilleté heißt Blätterteig. Er ist natürlich nichts für Amateure. Blätterteig ist bei der Pâtisserieprüfung eine der grössten Hürden. Er ist einer der schwierigsten, aber auch schönsten Teige überhaupt. Er besteht eigentlich nur aus Mehl, etwas Wasser und Butter. Und wenn einer sagt, Ziehfett und ähnliches kann man auch nehmen, ist das gelogen. Es geht nur mit Butter und Mehl. Es gibt kein besseres Fett als Butter. Der Hobbykoch, der öfters kocht und dies gerne tut, soll es selber probieren. Es gibt auf dem Markt inzwischen ganz unterschiedliche fertige Blätterteige, sehr schlechte bis gute. Die im Supermarkt erhältlichen sind alle mit Ziehfett gemacht. Man kann sie nehmen, aber es ist nicht das, wovon ich spreche. Das muss sechsmal getourter Blätterteig sein, nur mit Butter gemacht, in Scheiben gewälzt, dünn geschnitten, und dann gebacken. Aus einer vier Millimeter dünnen Scheibe sollte eine mindestens ein Zentimeter hohe Scheibe werden, wenn sie gebacken ist. Diese wird in der Mitte durchgeschnitten, und schon hat man zwei Schichten. Ein richtiges Feuilleté muss eigentlich ab fünf Schichten aufwärts haben. Es ist ein super leichtes Sandwich mit Erdbeeren und Erdbeersahne darin.

↘ Blätterteig ausrollen, backen, in der Mitte durchschneiden. Er muss aussen kross und innen noch saftig sein. Der darf jetzt nicht wie Stroh sein, wie die alten Königinnen-Pastetchen, die wir alle kennen. Innen muss wirklich noch die Butter schmeckbar, sichtbar und fühlbar sein. Vergleichbar vielleicht mit einem frischen Croissant, mit dem Unterschied, dass beim Croissant mehr Weiches darin und weniger Krosses aussen ist. Beim Feuilleté ist es umgekehrt. Blätterteig braucht sehr viel Hitze beim Backen. Der oberste Deckel muss mit Eigelb bepinselt werden, bevor er in den knallheissen Ofen geschoben wird. Zum Eigelb gibt man ein wenig Wasser dazu und pinselt dieses Feuilleté in der Mitte ein. Nicht so sehr am Rand, weil es dort die Ränder verklebt. Dann geht es auf wie ein Kissen und glänzt.

↘ Zunächst einmal brauchen wir sehr gute, reife Erdbeeren. Die Erdbeeren werden geköpft, das heisst vom Grün befreit und dann geviertelt oder halbiert, je nach Größe. Ein Teil wird dann einfach leicht eingezuckert, umgewälzt und kühl gestellt. Wenn sie mit dem Zucker zusammen kühl ziehen, isst man sie einfach besser als wenn man sie nur nature isst. Der Zucker aktiviert den Geschmack und macht sie auch saftiger. Aus dem anderen Teil der Erdbeeren und dem Zucker mache ich mit dem Zauberstab ein Püree. Man nimmt eher viel Erdbeeren und wenig Zucker. Es muss schön fruchtig sein, aber nicht zu süss.

↘ Wir haben jetzt die Blätterteigscheiben, das Mark und die marinierten Erdbeeren. Jetzt wird aus einem Teil des Erdbeermarks noch eine Erdbeersahne dazu gezogen. Man schlägt frische Schlagsahne auf und gibt sie in eine kleine Schüssel, rührt jetzt mit dem Löffel einen Teil des Marks darunter, dass so eine schöne, rosafarbene Masse entsteht. Die Masse muss aber noch stehen. Wir haben jetzt zwei Flüssigkeiten: einmal das pure Erdbeerpüree und die leicht stehende Erdbeermark-Sahne. Die Kombination dieser beiden bringt hier das Besondere. Wenn ich nur die Sahne nehmen würde, wären wir gleich wieder in der Nähe einer Torte, wo wir aber jetzt gar nicht hin wollen.

↘ Ich lege eine aufgeschnittene Blätterteigscheibe auf den Teller. Damit sie nicht rutscht, mache ich einen kleinen Klacks Erdbeersahne darunter. Jetzt gebe ich ein wenig Erdbeersahne und ein Teil marinierter Erdbeeren darauf, lege wieder einen Deckel aus Blätterteig darauf, wieder ein bisschen Erdbeersahne, Erdbeeren dazu und so weiter. Meinetwegen so hoch wie das Chrysler Building. Wenn man mag, die letzte Scheibe mit Puderzucker bestreuen. Das Weiss sieht hübsch aus mit dem Rot.

↘ Um das Feuilleté herum garniere ich auf dem restlichen Mark und der Erdbeersahne eine Erdbeere und ein Minzblatt. Am Ende lege ich das Vanilleeis mit einem Löffel dazu und streue die gerösteten und schon erkalteten Mandeln darüber. Sofort essen – guten Appetit.

HERBST-MENU

↘ ZWIEBELKUCHEN
WIE BEI OMA MATHILDE

↘ STEINPILZE

↘ REHKEULE MIT
SPÄTZLE UND WURZEL-
GEMÜSEPÜREE

↘ FLAMBIERTE
SAUERKIRSCHEN MIT
CRÊPES UND VANILLEEIS

MEINE VIER MENUS DER JAHRESZEITEN – HERBST 1.GANG

ZWIEBEL-KUCHEN WIE BEI OMA MATHILDE

ZUTATEN FÜR 4 PERSONEN
Die Italiener werden Sie um diesen feinen, dünnen Teigboden beneiden. Meine Oma Mathilde hat mit diesem Gericht bei allen nur helle Begeisterung geerntet.
10 mittlere Zwiebeln
Gänse- oder Schweineschmalz
4 Eier / 4 mehlige Kartoffeln
Pfeffer / Salz / Muskatnuss
500 g Quark (30 Prozent)
Mehl / Wasser

↘ Wir sind beim Zwiebelkuchen. Wohlgemerkt nicht beim Flammkuchen, den gibt's im benachbarten Elsass, mit Schmand, Zwiebeln und Speck. Unser Zwiebelkuchen ist auch für Vegetarier geeignet, obwohl sich da die Geister scheiden. Meine Oma hat immer gesagt: es gibt genug Fleisch bei uns zu essen, so können wir auch mal ein Gericht ohne machen. Reiner Zwiebelkuchen besteht aus Quark, ein wenig Sahne, Zwiebeln, gekochte Kartoffeln und dem Teig. Der Teig ist ein Brotteig, der hauchdünn ausgewalzt wird (siehe auch mein Rezept auf Seite 33).

↘ Die Masse herzustellen bedeutet viel Arbeit. Viele Zwiebeln schälen, halbieren, in ganze Ringe oder in halbe Ringe schneiden. Wenn man die Ringe ganz lässt, zieht man beim Abbeissen schnell aus Versehen die Masse vom Kuchen herunter. Das Ganze wird in etwas Schweine- oder Gänseschmalz in einer Eisen- oder anderen Pfanne glasig angeschmalzt, wie man sagt. Man kann es auch anschwitzen nennen. Dann

kommt es in eine Schüssel. In einer anderen Schüssel wird Quark, Sahne, ein paar Eigelbe miteinander vermischt und gesalzen und gepfeffert – mit weissem Pfeffer. Dazu gehört frisch geriebener Muskat.

↘ In diese Grundmasse presse ich jetzt durch eine Spätzlepresse frisch gekochte Pellkartoffeln, die noch lauwarm sein sollten, damit sie die richtige Bindung haben. Wenn die Grundmasse mit den gequetschten Kartoffeln verrührt ist, hebe ich die geschmelzten Zwiebeln darunter und probiere. Die Masse sollte zwischen flüssig und dick sein. Also eher eine dickere Masse. Die wird dann auf diesen hauchdünn ausgerollten Brotteig gegeben und in den knallheissen Ofen geschoben, ruhig 220 Grad Umluft, volle Pulle. Wenn man keine Lust zum Teigmachen hat, kann man auch zum Pizzabäcker seines Vertrauens gehen und ihn um etwas schon gegangenen Teig angehen. Geht auch.

↘ Zwiebelkuchen backen, raus auf ein Blech, mit einem grossen schweren Messer in Stücke schneiden und sofort essen. Nicht aufwärmen, nicht vorhalten, auf den Tisch stellen und essen. Es ist ein schönes Herbstgericht finde ich, weil man den ganzen Sommer über viele Früchte gegessen hat, viel leichtes Essen zu sich genommen hat. Und jetzt, Richtung Herbst, wird's wieder deftig. Zwiebelkuchen!

↘ Man kann dieses Gericht mit Freunden essen, nur Zwiebelkuchen, neuen, gärigen Wein, da gibt's den Süssen, den Krätzer, und es gibt den Federweissen. Heute heisst komischerweise alles Federweisser. Was man kauft, ist meist weder Krätzer noch Federweisser, sondern es ist einfach gemixt, damit es immer gleich schmeckt. Der echte Federweisse hat ja keinen Zucker mehr, der ist vergoren und schmeckt den wenigsten Leuten, weil er herb ist. Ich habe am liebsten Krätzer, der grade am Gären ist. Krätzer oder Sauser, der noch ein bisschen süss und gleichzeitig schon herb ist, schon Alkohol hat und mit Zwiebelkuchen am besten schmeckt. Die Kombination hat eine wunderbare Nebenwirkung: man macht seinen Körper fit für weiteres Schweres, das im nächsten Winter auf uns zukommt. Das putzt durch und schmeckt.

MEINE VIER MENUS DER JAHRESZEITEN – HERBST 2.GANG

STEINPILZE

ZUTATEN FÜR 4 PERSONEN

500 g Steinpilze
Korianderkörner
Pfeffer / Salz
Zitronensaft / Frische Knoblauchknolle
1 Bund Petersilie / Olivenöl / Butter

↘ Ich mache sie auf die einfachste und, wie ich finde, beste Art: nämlich fast pur und nur angebraten. Angebraten will heissen: die Aromen werden beim Anbraten dadurch verstärkt, dass man noch Wasser entzieht. Denn durch das Anbraten werden die Pilze noch trockener, als sie ohnehin schon sind. Der natürliche Wasseranteil verfliegt beim Braten. Durch das Bräunen und Anrösten wird der Geschmack intensiviert. Wir machen sie à la Provençale, was natürlich brutal klingt – mit Knoblauch und Petersilie. Weniger davon ist wunderbar, wenn man des Guten zuviel zufügt, hat man nichts mehr von den Steinpilzen. Köche sind dazu da, das Beste aus den Produkten herauszukitzeln. Mehr daraus zu machen heisst, jetzt die Steinpilze nicht nur zu braten, und mit Salz und Pfeffer und Zitronensaft anzurichten, sondern noch mit Hilfe von Petersilie, Knoblauch und einem Hauch Koriander zu perfektionieren. Wenn ich in meinem Lokal in die Küche komme und die Köche machen Steinpilze, dann rieche ich sofort, ob die perfekt sind. Mir läuft das Wasser im Munde zusammen, selbst wenn ich es schon zigmal an diesem Tag gerochen habe. Ich nehme fast immer Olivenöl und Butter, weil das eine das Aroma bringt und das andere zu schnelles Verbrennen verhindert. Nur mit Butter, wie es die Franzosen machen, kann man die Hitze nicht erreichen.

↘ Steinpilze nicht waschen, sondern sauber putzen. Wurzelwerk und Erde entfernen. Dann in dicke Scheiben schneiden, einige Millimeter dick, es kommt auf die Pilzgrösse an. Jedenfalls nicht zu fein, sonst werden die Pilze einfach nur getrocknet, was wir ja nicht wollen. Die geschnittenen Steinpilze auf ein Tuch legen. Jetzt die Petersilie fein hacken und in eine Tasse geben. Dann eine halbe Knoblauchzehe in Scheibchen schneiden, ein wenig Salz daran geben und zu Püree quetschen. Das wird jetzt mit der Petersilie zusammen zur homogenen Masse vermischt. Man kann da schon mal einen Schuss Olivenöl zur Hilfe nehmen, damit es wirklich eine Masse wird. Ich nehme übrigens bevorzugt die krause Petersilie, weil sie mehr aufnimmt.

↘ Wenn man für vier Personen Steinpilze macht, nehme ich vielleicht drei, vier Körner Koriander, mehr nicht. Ganz fein quetschen und unter die Petersilie-Knoblauch-Olivenöl-Mischung heben. Wenn das vorbereitet ist, gebe ich halb Butter und halb Olivenöl in die Pfanne, erhitze es, und in dem Moment, wo es schön heiss ist, werfe ich die Steinpilze hinein. Kräftiges Feuer, damit es schnell geht, das darf nicht ewig und langsam ziehen, so dass die Pilze Wasser ziehen können. Es muss wirklich sofort braten. Wenn die Pilze Farbe bekommen haben, sind sie eigentlich schon fertig. Jetzt kommt der Moment, wo wirklich alles schnell gehen muss. Bitte die angewärmten Teller bereithalten. In dem Moment, wo die Petersilie-Knoblauch-Olivenöl-Koriander-Mischung hineinkommt, darf es nur noch Sekunden auf dem Herd bleiben. Wenn es zu lange in der Pfanne ist, verbrennt der Knoblauch und das ganze Gericht ist für den Mülleimer. Die Steinpilze müssen fertig sein, die Pfanne heiss.

↘ Dann wird die Mischung darauf gegeben, in der Pfanne geschwenkt, wie Bratkartoffeln. Es darf nicht in der Pfanne weiterbrutzeln. Wenn die Mischung in die Pfanne kommt, ist das eine Sache von fünf Sekunden, die entscheiden zwischen bitter und kaputt und gut. Zitrone im letzten Augenblick vor dem Anrichten dazugeben, eventuell etwas nachpfeffern, nochmals schwenken, anrichten, servieren, essen.

MEINE VIER MENUS DER JAHRESZEITEN – HERBST 3.GANG

REHKEULE MIT SPÄTZLE, UND WURZELGEMÜSEPÜREE

ZUTATEN FÜR 4 PERSONEN
1 Rehkeule / Pfeffer / Salz

PÜREE:
Petersilienwurzel oder Pastinake
Karotten / Sellerieknolle

SPÄTZLE:
200 g Mehl / 4 Eier / Salz / Wasser

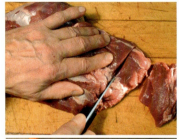

↘ *Rehkeule, je nach Personenzahl, kann man als ganze Keule mit dem Knochen braten. Scharf anbraten, lange marinieren bringt kaum was. Man kann sie von aussen salzen und pfeffern, lange braten, innen rosa lassen, dann wieder nahe am Herd ruhen lassen. Wenn man die ganze Keule brät, kann man ein bisschen Jus (Fond) mitziehen. Das heisst, man macht ein Bouquet garni, Kräuter, Gewürze, ein wenig Wacholder mit in die Pfanne, schiebt das Ganze in den Ofen. Mit dem Fleischsaft, der beim Braten austritt, den Gewürzen und dem Gemüse und den Kräutern kann man dann hinterher, nach dem Braten der Keule, aber bitte nicht so heiss, einen kleinen Fond ziehen. Den kann man wieder mit Butter ein bisschen aufmontieren.*

↘ *Das sogenannte Wurzelpüree ist eigentlich etwas Einfaches, Unkompliziertes. Wichtig dabei sind wieder die Grundprodukte. Petersilienwurzel oder Pastinake, Karotten und Sellerieknollen klein würfeln und mit hoch konzentrierter Gemüsebrühe ansetzen. In der Profiküche verwenden wir diese Gemüsebrühe immer mehrmals. Dadurch wird sie natürlich immer konzentrierter. Für das Püree*

brauchen wir nur das gekochte Gemüse aus dieser Brühe zu nehmen. Wir mixen das Gemüse und machen es wieder etwas sämig mit der Flüssigkeit aus der konzentrierten Gemüsebrühe. Der Anteil von Petersilienwurzeln sollte der grösste sein, weniger Sellerie, mehr Karotten. Vom Geschmack her darf nicht eins dieser Produkte vorschmecken, sondern es ist eben ein Wurzelpüree.

↘ *Spätzle wie bekannt: Eier, Mehl, Salz und vom Brett schaben. Das Rezept kann man sich überall besorgen. Es ist kinderleicht.*

↘ *Bei der Rehkeule geht es jetzt darum, ob man nur einen Teil davon gebraten und geschnitten hat, oder ob man die ganze Rehkeule gemacht hat. Scheiben schneiden, sie sollten rosa und ausgeruht sein, auf dem Teller anrichten, die Jus dazu, Spätzle und das Gemüsepüree. Je nach Wein kann man gute Preiselbeeren dazu reichen, nur immer daran denken, dass die meisten erhältlichen Preiselbeeren einfach zu süss sind. Gut gerührte Preiselbeeren sind kalt gerührt, nicht gekocht, einfach mit Zucker solange gerührt, bis es eine homogene Masse geworden ist. Das Wichtigste bei den Preiselbeeren sind die Säure- und die Fruchtaromen, nicht der Zucker.*

MEINE VIER MENUS DER JAHRESZEITEN – HERBST 4.GANG

FLAMBIERTE SAUERKIRSCHEN MIT CRÊPES UND VANILLEEIS

CRÊPES *(Grundrezept für 20 Stück)*
1/4 l Milch / 3 Eier
50 g Zucker / 4 g Salz
150 g Mehl / 50 g Butter

VANILLEEIS
1/2 l Milch / 1/2 l Sahne
14 Eigelbe
150 - 200 g Zucker
3 Vanilleschoten

BEILAGE FÜR 4 PERSONEN
600 g Kirschen
2 cl Kirschwasser

🔽 Crêpes heisst, kleine dünne Pfannkuchen. Die Italiener nennen sie Crespelle. Beim Crêpes-Teig sollte man bedenken, dass man wirklich braune Butter noch am Schluss unterschlägt, weil das einfach mehr Geschmack hat.

🔽 Man macht den Teig am Besten in einer grösseren Menge, weil er so besser gelingt. Die übrig gebliebenen Crêpes können Sie in Streifen geschnitten als Einlage für „Flädli"-Suppen oder ähnliches verwenden.

🔽 Teig glatt rühren und die Butter in einer Extrapfanne erhitzen, ganz leicht bräunen und in diesem braunen Zustand heiss in den Crêpesteig hineinschlagen. Das hat den Sinn, dass die Butter einfach mehr Aroma hat und die Crêpes selber besser schmecken. Also: Die Crêpes in einer Pfanne hauchdünn ausbacken, aufeinander in Warteposition legen.

🔽 Die Kirschen, die wir hier verwendet haben, sind selbst eingemachte vom Sommer. Die sind wunderbar, schmecken gut und haben noch immer eigene Aromen. Die Kirschen werden einfach in ihrem Saft in einer Pfanne heiss gemacht und kurz mit Kirschwasser flambiert. Die Crêpes auf einen Teller in die Mitte legen und mit den Kirschen füllen, den Saft darum herum auf den Teller verteilen und mit dem Vanilleeis servieren.

🔽 **Vanilleeis** – Grundregel: Eigelb, wenig Zucker, viel Vanille – natürlich nur das Mark der Schoten. Keine Extrakte, keine Ersatzstoffe. Basis ist wiederum Sahne und Milch. Eis, das nur aus Sahne und Eigelb besteht, schmeckt zwar wunderbar, ist aber nicht bekömmlich und macht dick. Basis ist bei uns: 14 Eigelbe auf 1/2 Liter Sahne und 1/2 Liter Milch und 150 bis maximal 200 Gramm Zucker. Und das ausgekratzte Mark von drei Vanilleschoten. Das viele Eigelb macht das Eis schmelzig und cremig.

🔽 Ein rohes Vanilleeis ist verboten, schmeckt aber am besten. Ich esse das schon mein ganzes Leben und habe noch nie etwas gehabt. Wir kochen die Sahne und die Milch mit dem Mark der Vanilleschoten kurz auf – nur einmal kurz hochkommen lassen. Und damit hat man die fertige Grundmasse.

🔽 Die Eigelbe werden mit dem Schneebesen von Hand zusammen mit dem Zucker schaumig gerührt. Dann wird die fast wieder abgekühlte, maximal lauwarme Milch-Sahne-Vanille-Masse unter die Ei-Zucker-Masse gezogen und gut verrührt. Ich achte immer darauf, dass ich mit dem Gummispatel auch die letzten kleinen Körnchen mitnehme. Das Ganze über ein Sieb schütten, damit die Schoten und andere Grobteile hängen bleiben.

🔽 Die Masse wird unter Rühren in die Eismaschine gegeben und gedreht, bis es steht. Dann kommt das Eis in ein anderes Gefäss und wird kalt gestellt. Dieses Eis ist trotz der vielen Eigelbe nur maximal 24 Stunden geschmeidig, bei 10-12 Grad minus. Danach wird es blockhart, weil eben keine zusätzlichen Fette darin sind. Das Industrie-Eis steht bis zu vier Monate und bleibt cremig. Warum? Weil es bis zu 35 Prozent aus reinem Fett besteht, aus welchem auch immer. Ja, ja, das bedenken die Mädchen nicht, wenn sie gerne und viel Eis lutschen!

WINTER-MENU

↘ **FELDSALAT MIT TRAUBENKERNÖL-VINAIGRETTE UND ZANDER**

↘ **BERGLINSEN MIT „LYONER WURST"**

↘ **CHAROLAIS RÜCKENSTEAK, BÄCKERINNEN-KARTOFFEL**

↘ **SCHOKOKISSEN MIT DATTELSAUCE UND FROMAGE BLANC**

MEINE VIER MENUS DER JAHRESZEITEN – WINTER 1. GANG

WINTER-MENU 1.

FELDSALAT MIT TRAUBENKERN-ÖL-VINAIGRETTE UND ZANDER

ZUTATEN FÜR 4 PERSONEN
250 g Feldsalat
1 Zander normaler Grösse
Traubenkernöl
Pfeffer / Salz / Mehl
1 Strauss Thymian
1 Stiel Salbei
Weissweinessig
Zitronensaft
Kräuter
Olivenöl

↘ Beim Kauf des Feldsalats ist darauf zu achten, dass man kein Viehfutter besorgt, sondern Salat mit wirklich kleinen Blättern. Bei uns nannte man sie „Sunnewirbeli". Es sind ganz kleine, feine Röschen, mehr Blatt als Stil, auf keinen Fall umgekehrt. Sie müssen sich samtig anfühlen.

↘ Wir machen eine Vinaigrette, sprich eine Essigsauce, aus Traubenkernöl, Pfeffer, Salz und einem Schluck Weissweinessig. Ich benutze nicht immer Balsamico, das macht nur unnötig süss. Wir wälzen den Salat in der Vinaigrette und richten ihn auf dem Teller an. Man kann in die Vinaigrette Schalotten geben, aber ich würde sie bei einem Salat immer kurz in Weisswein ankochen oder einmal kurz in der Pfanne anschwitzen; nie in völlig rohem Zustand nehmen, weil das für den Magen nicht so bekömmlich ist. Es schmeckt viel harmonischer, ist besser verdaulich und hat trotzdem denselben Geschmack.

↘ Das Zanderfilet muss die geschuppte Haut noch drauf haben. Die Haut wird kurz kreuzweise eingeritzt, auf der Hautseite meliert und in der Pfanne in Olivenöl angebraten. Die Hautseite zuerst, sie muss kross angebräunt sein, dann wenden, die Fleischseite braucht nur Sekunden. Es sollte wirklich à la Minute auf den Punkt gebraten sein.

↘ Die Hautseite gehört beim Servieren nach oben, was mit den Ritzen natürlich sehr lecker aussieht. Dazu Thymian und Salbei oder andere Kräuter obendrauf, ein wenig Zitronensaft, aber das muss nicht unbedingt sein, weil wir die Säure von dem Essig in der Vinaigrette her haben, und fertig ist die Vorspeise.

BERGLINSEN MIT „LYONER WURST"

WINTER-MENU 2.

ZUTATEN FÜR 4 PERSONEN

Ca. 300 g Lyoner Wurst
250 g Berglinsen / 1 Zwiebel
2 Lorbeerblätter / 6 Nelken

REMOULADE:

1 Bund Petersilie
Eschalotten / Teltower Rübchen
Eigelb / Olivenöl / Salz / Pfeffer

↘ Zunächst einige Anmerkungen zur Lyoner Wurst. Ich habe ja meine eigenen Schweine und mache diese Wurst selber. Die Wurst kommt dem hessischen Presskopf sehr nahe. Es ist eine Magerfleischwurst mit viel Fleisch und wenig Fett. Ich verarbeite nur mageres Schulterfleisch mit einem geringeren Anteil Nackenfleisch, weil eine Wurst ganz ohne Fett keine Wurst ist. Ein kleiner Teil Schwarte-, Fuss- und Kopffleisch, weichgekocht und durchgewolft wird zum Binden eingearbeitet. Ich gebe Pistazien dazu, Salz, Pfeffer, Muskat, Nelken. Sie wird abgeschmeckt und in einen Naturdarm gestopft. In rohem Zustand wird sie abgekocht, dann vakuumiert, tiefgefroren und verwendet, wie wir sie brauchen. Der Hobbykoch sollte versuchen, sich im Feinkosthandel eine sogenannte Lyoner Wurst oder eine Kochwurst zu besorgen. Es ist schwierig diese Qualität, von der ich spreche, zu bekommen. Das ist ja eben der Grund, weshalb ich sie selbst mache. In Norditalien gibt es eine Wurst, die sehr ähnlich ist. Oder man fährt nach Frankreich und holt sich eine „Saucisson de Lyon". Ich bin im übrigen nicht dafür zuständig, den Leuten zu sagen, wo sie was kaufen können, sondern ich will zeigen, wie wir es machen und was gut ist.

↘ Also. Die Wurst wird gekocht in einer Brühe, die wir später auch für den Linsensalat brauchen. Nachdem sie ein wenig eingeweicht wurden, werden die Linsen angesetzt mit wenig Wasser. Die Berglinsen sind keine deutschen Tellerminen, die muss man nicht eine Nacht lang einlegen, sondern die kann man, wenn man will, auch kochen ohne sie vorher einzulegen, weil sie sehr klein sind und nicht zuviel Stärke haben. Wir waschen die Linsen vorher, legen sie zwei Stunden ein und kochen sie dann ganz langsam in dem Einlegewasser mit einer gespickten Zwiebel (Lorbeerblätter und Nelken) darin und einem bisschen Meersalz. Man muss schauen, dass sie immer bedeckt sind mit wenig Wasser, also nicht schwimmend. Vom Kochwasser bleibt kaum noch Flüssigkeit am Schluss übrig und sie bleibt bei den Linsen, wird nicht weggeschüttet.

↘ Jetzt macht man einfach nur mit Olivenöl, mit Essig und mit angeschmelzten, bzw. aufgekochten Eschalotten, die Sauce für den Linsensalat. Hier gehört übrigens Balsamico Essig dazu, weil seine Süsskomponente in Kombination mit den Linsen sehr gut passt. Man kann für die Sauce eine Gemüsebrühe nehmen, man kann auch eine Fleischbrühe nehmen, man kann sie auch nur mit Wasser machen. Ich persönlich bevorzuge die Fleischbrühe. Ich lasse alles kurz ankochen und dann zwei Stunden ziehen, bevor ich sie weiter verarbeite.

↘ Wir machen zwar die Linsen schon an wie einen Salat, aber da wir an der Substanz der Linsen nicht soviel verändern wollen, servieren wir noch die Eschalotten-Petersilien-Remoulade dazu. Die machen wir auf der Basis von Eigelb, das wir anschlagen mit Öl, wie für eine Mayonnaise, damit sie bindet. Dann die Eschalotten und die gewürfelten Teltower Rübchen darunter und Petersilie, Salz und Pfeffer. Wenn man die Remoulade direkt an den Linsensalat machen würde, würde es ziemlich schrecklich aussehen. Aber, wie gesagt, der Linsensalat muss trotzdem angemacht sein, damit er den gewünschten Grundgeschmack hat. Die Linsen warm servieren, die Wurst genauso, nicht zu heiss, sondern lauwarm.

CHAROLAIS-RÜCKENSTEAK, BÄCKERINNEN KARTOFFEL

WINTER-MENU 3.

ZUTATEN FÜR 4 PERSONEN
Pro Person 350 g gut gereiftes
Rückenstück vom Charolais
Butter und Petersilie zum
Servieren / Olivenöl

BÄCKERINNEN KARTOFFEL:
500 g Kartoffeln / 2 Zwiebeln
2 Eschalotten / Thymian / Salbei
1/4 l Kalbsfond / 70 g Butter

➤ Das Fleisch selber muss erst am Knochen reif geworden und bis zu 20 Tage im Kühlhaus abgehängt sein. Danach wird es ausgelöst, pariert und geschnitten. In diesem Zustand, wie es auch in die Pfanne kommt, wird es noch mal zwischen 24 und 48 Stunden in Olivenöl eingelegt. Ein gutes Olivenöl hat ja Fettsäuren, die das Fleisch zarter machen und dazu nicht unwesentlich an Geschmack abgeben.

➤ Wir machen jetzt erst einmal die Bäckerinnen Kartoffel. Das ist ein uraltes Rezept, was man früher in einem geschlossenen Topf gemacht hat. Man hat in Scheiben geschnittene Zwiebeln mit Brühe in einen Topf gegeben und mehr oder weniger dick geschnittene Kartoffelstücke und Kräuter dazu, hat den Topf geschlossen und in den Backofen hineingestellt. Die sind dann unter Verschluss gebacken, haben wunderbare Aromen von Kräutern. Durch die Zwiebeln wird das Ganze leichter, nicht so kompakt wie ein Gratin. Wir haben das etwas verfeinert und nehmen eine Fleischbrühe und kochen darin die Eschalotten an mit den Kräutern. Thymian mag ich am liebsten darin, Salbei vielleicht noch. Und

dann werden die Eschalotten nicht ganz weich gekocht, aber angegart und kommen in ein flaches Gratingeschirr unten hinein. Dann legen wir die Kartoffeln fächerförmig auf und giessen nach mit der Brühe. Die Brühe hat wenig Fettanteile, so dass man etwas Butter obendrauf dazugeben kann. Nachwürzen und in den Ofen schieben. Dann garen diese Kartoffeln auf den angegarten Zwiebeln mit der Brühe. Am Schluss ist fast keine Flüssigkeit

mehr da, nur noch die Kartoffeln und die Zwiebeln. Es schmeckt super aromatisch und ist leicht. Ein Kartoffelgratin ist demgegenüber immer schwer, weil viel Butter und Sahne darin ist. Wir wollen die Aromen von den Zwiebeln, den Kartoffeln und den Kräutern. Mehr nicht. Wir brauchen keinen Parmesankäse und nichts, sondern geniessen die ein bisschen krustig gewordene obere Schicht möglichst pur. Wir backen im heissen Ofen.

➤ Die Fleischstücke werden auf den Bratflächen mit gemahlenem weissen Pfeffer und wenig Salz gewürzt. Nach kräftigem, heissen und scharfem Anbraten mit halb Olivenöl und halb Butter, um eine leicht dunkle Kruste zu erhalten, wird das Stück, je nach Grösse, zwischen 10 und 20 Minuten bei ca. 120 bis 150 Grad im Heissluftofen kurz nachgebraten. Dann muss es ca. 20 Minuten an einem warmen Platz unter der Wärmelampe oder in der Herdnähe ruhen. Dieser Vorgang ist sehr wichtig und noch mal entscheidend für die Saftigkeit des Fleisches. Ich liebe es, wenn das Fleisch „bleuchaude" ist, das heisst, nicht roh vom Garpunkt her gesehen, aber voll im Saft und auch warm. Richtig heiss kann es so nicht sein. Sonst wird es grau, neigt zum Trockensein und Langweiligsein. Das Fleisch kann und sollte jeder nach Belieben nachwürzen, weil es am Stück gebraten und in dicke Scheiben geschnitten ist. Dann werden die Scheiben auf dem Teller angerichtet. Pfeffern und salzen soll derjenige, der es isst, selber machen. Ich persönlich salze und pfeffere nie nach, ich esse, wie es ist, weil ich den Eigengeschmack möchte.

➤ Der Rest ist Geschmacksache, mit oder ohne Sauce oder mit frisch gehackter Petersilie obendrauf und weicher Butter. Fertig.

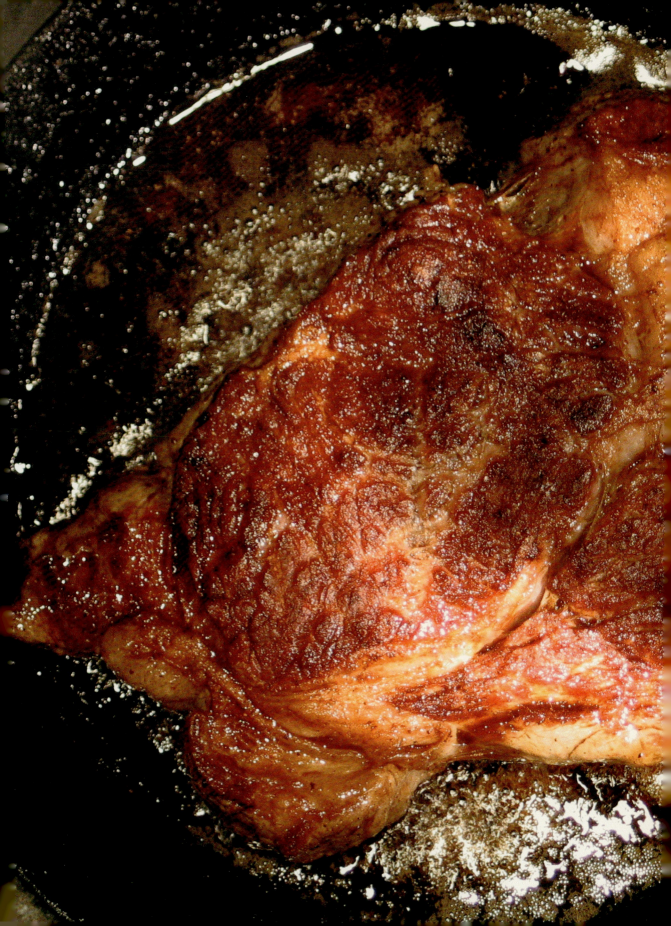

MEINE VIER MENUS DER JAHRESZEITEN – WINTER 4. GANG

SCHOKOKISSEN MIT DATTELSAUCE UND FROMAGE BLANC

ZUTATEN FÜR 4 PERSONEN
200 g Valrhona Stückchen
50 g Butter / 50 g Zucker
50 g Mehl / 2 Eier

DATTELSAUCE:
Frische Datteln
1/8 l Sahne / 50 g Zucker

FROMAGE BLANC:
4 kl. Becher Fromage Blanc
10 cl süsse Sahne
30 g Zucker

➤ Für das Schokoladenkissen nehmen wir die beste Schokolade – schwarze Valrhona Schokolade. Das Ganze wird als Masse aufbereitet und kommt dann in eine Form und wird gebacken wie ein Kuchen. Aber im Gegensatz zu einem Kuchen muss das Schokokissen innen flüssig bleiben. Es soll nur aussen fest und innen weich bleiben.

➤ Angerichtet wird es auf einer Dattelsauce mit Dattelfleisch. Dazu die Sahne steif schlagen und die Datteln mit dem Zauberstab pürieren und alles mit dem Zucker vermischen und kühl stellen. Die flüssige Schokolade sollte dem Gast schön entgegen fliessen, wenn er das Kissen aufsticht. Ein kleiner Fromage blanc mit einem bisschen frischer Sahne dazu sollte nicht fehlen. Die Milchsäure des Frischkäses hilft bei der Verdauung. Es ist vergleichbar mit einem Sorbet, das man, wie jeder weiss, früher zwischen den Gängen reichte. Und die Schokoladenaromen bringen Freude auf den Tisch. Es ist garantiert kein leichtes Dessert, aber ein supergutes.

➤ Wenn der Teig fertig gerührt ist, muss er mindestens zwei Stunden ruhen. Er muss stehen, wie man sagt, bevor man ihn einfüllt. Der Zucker muss aufgelöst sein und der Teig muss zur Ruhe gekommen sein. Danach wird der Teig in die Form gefüllt. Je nach Grösse des Rings, in dem er gebacken wird, und je nach Hitze des Ofens verschieben sich die Garzeiten. Man muss sich einfach helfen, indem man ausprobiert. Der Ring wird gebuttert und gezuckert, damit es nicht festklebt. Die Backzeit ist das Diffizilste von allem, weil es, wie gesagt, innen flüssig bleiben und aussen fest sein muss. Wenn's ganz fest wird, ist es einfach nur ein Stück langweiliger, schwerer Kuchen.

➤ Man braucht eigentlich einen Backstein, um es perfekt zu machen. Es gibt mittlerweile Backsteine, die sich auch Hobbyköche besorgen können. Es geht darum, mehr Unter- als Oberhitze zu bekommen – auch im Umluftofen. Das Schokokissen sollte unten und an den Seiten schon fest sein, während es oben unter einer hauchdünnen festen Schicht noch flüssig ist. Wenn man oben mit dem Finger drauftippt, sollte man direkt wieder die flüssige Masse am Finger kleben haben. Und so kann man es eher aus dem Ring lösen, ohne dass es kaputt geht. Man stellt den Ring also nicht oben oder in der Mitte in den Ofen sondern unten auf den Boden – auf den Backstein eben. Den Backstein kann man auch später für Pizza verwenden.

➤ Also möglichst dieses Dessert nicht an einem Abend machen, an dem man seinen Chef eingeladen hat und dem etwas vorkochen möchte. Man muss es erst einmal für sich selber drei, viermal üben, bevor man es Gästen anbietet.

PHILOSOPHIE ZWEI

ES GIBT NICHTS NEUES – ODER VOM EINFACHEN DAS BESTE

Ein guter Wein ist ein guter Wein und ein gutes Essen ist ein gutes Essen. Die Zeit der Dekoration in der Gastronomie ist vorbei. Es geht um die Konzentration auf das Wesentliche: dem Wissen um die Qualität und Erzeugung der Produkte, dem Geschmack. Mehr Zeit fürs Leben

Feststunde in der Oberbergener Turnhalle. Mit 300 Gästen, Freunden und Verwandten feierte Vater Franz Keller seinen 75. Geburtstag. Er kämpfte in den Sechzigern mit Erfolg gegen das Mittelmass zurechtgebogener deutscher Weingesetze

Picknick auf dem Segelboot: Franz Keller geniesst mit Freunden seinen Ruhetag am Rhein

Nach dem Vorbild der Lösskeller aus alten Zeiten wurden tiefe Tunnel in den Berg getrieben, um die hochwertigsten Weine in Ruhe und bei Temperaturen von 12°C reifen zu lassen, ganzjährig gleichbleibend bei natürlicher Klimatisierung. Aber auch die Weingutsweine wie Weissburgunder, Grau- oder Spätburgunder finden hier ihren Platz. Die Selektionsweine des Weingutes „Schwarzer Adler", reifen zwischen den grössten Gewächsen wie zum Beispiel Château Latour, Cheval Blanc, Chambertin und Rothschild

PHILOSOPHIE ZWEI

Nasse Bude, frischer Käse: Regen tropfte ins Dachzimmer des Hauses, während seiner Commi-Zeit in Lyon. Mit der Tochter der Käsehändlerin von Paul Bocuse im Fachgespräch über die unendliche Vielfalt des „Fromage de France"

Der Patriarch der modernen Küche, Escoffier, war schon zu seiner Zeit an dem Punkt, wo du heute bist. Er sagte, macht Schluss mit dem Dekorieren und den vielen Tellern. Er hat die französische Küche reformiert. Aber bei ihm stimmte die Qualität der Produkte noch.

Er hat gesagt, das Produkt muss auf dem Punkt sein. Die Esskultur vor seiner Zeit hatte wenig mit Genuss zu tun. Es ging nur um Demonstration, um Dekoration. Es spielte keine Rolle, wie das Essen geschmeckt hat, Hauptsache, es sah bombastisch aus. Escoffier sagte auch, wir kochen jetzt nicht, damit es gut aussieht, sondern wir wollen das optimale Produkt zum richtigen Zeitpunkt an den Mann bringen. Da entstand die Idee des Menus und der Speisenfolgen. In seinem Buch gibt es zum Beispiel zu einem Fasangericht 18 Möglichkeiten, es zuzubereiten. Und 16 verschiedene Arten, die Saucen zu ziehen. Er hat die klassische französische Küche in eine Form gebracht – ihr eine Struktur gegeben. Die Nouvelle Cuisine hat das alles später wieder über Bord geworfen.

Thema „Slow Food". Meine Erfahrung in Italien ist: sehr gute, mythisch verklärte Produkte und oft grausiges Handwerk bei der Zubereitung.

„Slow Food" ist ja eigentlich eine Bewegung, die aus Italien kommt. Sie sagt, lasst den Produkten ihre Zeit, die sie brauchen, um gut zu sein und macht dann das Maximale daraus, in dem ihr sie wirklich lasst, wie sie sind. Die Kernaussage ist die: es kann nicht sein, dass ein Ei gut ist, wenn das Huhn täglich eineinhalb Stück legen muss. Wir sind der Meinung, dass es viel besser ist, wenn das Huhn nur jeden zweiten Tag ein Ei legt. Die Philosophie von „Slow Food" ist das Verlangsamen oder Zurückführen zu organischen Entwicklungsprozessen.

Warum bevorzugst du heimische Produkte?

Um es anders zu machen als die anderen. Um es richtig zu machen. Wenn ich in ein normales Restaurant der gehobenen Mittelklasse gehe und den Oberkellner frage, was ich essen soll, antwortet der, alles sei sehr gut, man könne alles von der Karte bestellen. Er empfiehlt schliesslich Lamm Carré und kommt dann

PHILOSOPHIE ZWEI

Beim Weinkartenstudium. Genuss hat etwas mit Harmonie zu tun. Franz Keller geht es um die Kombination von Genuss und Verträglichkeit. Dazu gehört auch ein guter Wein

ständig an deinen Tisch und fragt, ob es nicht toll sei. Das Carré hat eine Kräuterkruste und ist mit einer Senfsauce abgeschmeckt. Der Senf schmeckt stark vor, damit du den Lammgeschmack nicht so hast. Dann kommt der Koch an deinen Tisch und erzählt, wenn du fast fertig bist, dass das Lamm aus Neuseeland komme. Er erzählt dann die Geschichte mit dem drei Wochen dauernden Abhängen im Kühlraum des Frachtschiffes und der leichten Bewegung durch den Seegang, die den Reifungsprozess des Fleisches so schön fördere. Diese Geschichte kannst du in jeder Steak-House-Karte nachlesen.

Du fragst ihn dann nach Produkten aus der Region und er sagt, nein, Produkte aus der Region könne man vergessen, hier gebe es nichts, die Leute bekämen das nicht hin. Schafe nicht, Rinder nicht, gar nichts. Er würde viel besser mit Importware fahren. Der Salat kommt dann auch noch aus Holland. Entfernungen und Transporte würden ja heute keine Rolle mehr spielen.

In Neuseeland haben sie riesige Herden. Du weisst nicht, was sie mit den Tieren machen, damit sie gesund bleiben. Sie müssen aber etwas machen, denn wenn die Herden krank werden, sind Existenzen vernichtet.

Welche Alternativen gibt es für Leute, die nicht eigene Rinder züchten und nicht diese Beschaffungslogistik aufgebaut haben wie du?
Ich ordere gelegentlich Moorschnucken bei „Manufaktum". Die bieten ordentliche Qualität und eine hervorragende Logistik. Und dort kann jeder bestellen, nicht nur Gastronomen. Es ist alles gar nicht so schwer, nur natürlich ein bisschen teurer als im Supermarkt.

Welchen Aufwand bedeutet es, mit guten Produkten zu arbeiten?
Ich habe einen Kollegen, der hat ein Lokal auf Mallorca, das sehr gut läuft. Die Gäste rennen ihm den Laden ein. Er erzählte mir, dass es Fisch, wie ihn der Gast sich vorstellt, gar nicht mehr gäbe. Der Fischfang und die Nachfrage nach frischem Fisch habe nur noch etwas mit Romantik zu tun und nicht mit der Realität. Die See um die Insel sei leer gefischt, dort gäbe es nichts mehr. Die

Fischer, die es sich leisten könnten, würden sich starke Dieselmotoren einbauen lassen und um drei Uhr in der Früh aufbrechen, das Schiff voller Netze und Ausrüstung und übers Meer Richtung Marokko fahren. Dort treffen sie an einer verabredeten Stelle marokkanische Fischer und kaufen ihnen deren Fang ab. Dann kommen sie zurück und verhielten sich so, als haben sie ihn selbst gefangen. Verkaufen ihn weiter und so weiter.

Er sagt, wenn du morgens am Hafen stehst und den Fisch ersteigerst, weisst du nicht mehr wo der herkommt und wie alt er eigentlich ist. Die Marokkaner müssten ihn ja auch erst mal fangen, bevor sie ihn an die spanischen Fischer weiterverkaufen könnten. Wenn du frischen Fisch willst, musst du mit aufs Boot, musst du nachts mit rausfahren und sehen, was in die Netze kommt. Die Frischfisch-Liebhaber seien alle Romantiker, die hereingelegt werden. Man könne fangfrischen Fisch aus dem Mittelmeer einfach vergessen. Er ist unbezahlbar.

Das habe ich mir in der Tat anders vorgestellt...

...die meisten Restaurants haben Doraden auf der Karte. Gegrillt, filetiert, wie auch immer. Die guten alten Doraden. Auf Mallorca, dort wo die Leute hinfahren, um frischen Fisch aus dem Meer zu essen, werden sie in irgendeiner Müllentsorgungsanlage gezüchtet, weil die da immer warmes Wasser als Abfallprodukt haben. Und da kommen die Doraden von meinem Kollegen her. Seinen Gästen schmecken sie wohl, oder?

Wir wollen noch über den Wert der Zeit sprechen.
Du hast mir gesagt, dass das für dich noch ein grosses Thema sei.

Wir haben uns alle selbst unter Druck gesetzt. Ich kann mir nicht vorstellen, dass der Begriff „Zeit ist Geld" schon einmal so überzogen wurde wie heute. Daran sind wir selber schuld. Unsere Ansprüche werden immer grösser, die Möglichkeiten werden auch immer grösser. Das muss ja alles einen finanziellen Hintergrund haben, man muss es sich leisten können. Also muss man mehr arbeiten, also nimmt die fremdbestimmte Arbeit immer mehr Raum ein. Aus diesem Grund passt es gar nicht mehr in die Zeit, sich wirklich um das Natürliche zu kümmern und es zu erhalten. Weil das Natürliche zu lange dauert.

🍽 MOHN-PARFAIT

EINKAUFSLISTE
120 g Mohn,
1 Vanilleschote,
10 cl Milch,
4 Eigelbe,
120 g Zucker,
10 cl Milch,
1 EL Bienenhonig,
40 cl Sahne

↘ *Mohn sehr fein mahlen und mit der Milch und Vanille zu einem dicken Brei kochen (8 bis 10 Minuten). Eigelb und Zucker cremig schlagen. Die Milch mit dem Honig aufkochen und auf die Ei-Zucker-Masse geben und bis zur Rose abziehen. Völlig erkalten lassen und dann die geschlagene Sahne kochlöffelweise unterziehen. Gefrieren.*

OBIGES PARFAIT MIT MANDELSAHNE

1/2 l Sahne,
150 g frische Mandeln,
100 g Zucker,
4 Eigelb,
1 Vanillestange

↘ *Mandeln abziehen, grob hacken und mit der Sahne 30 Minuten köcheln und ziehen lassen. Passieren. Die ganze Vanillestange dazugeben. Eigelb und Zucker cremig schlagen. Die Mandelmasse auf die Ei-Zucker-Masse geben und bis zur Rose abziehen. Völlig erkalten lassen. Gefrieren.*

Hundstage.
Die französische
Bulldogge Otto und Chef
Franz beim Abhängen
auf dem Rhein

Meinst du den Aspekt der Aufzucht und des Anbaus?
Alles was natürlich ist, ist einfach zu langsam heute.

Glaubst du, dass die Fütterung der Tiere mit genmanipuliertem Mais eine logische Folge dieser Entwicklung ist?
Genau so ist es. Ein Huhn braucht normalerweise drei Tage, um zwei Eier zu legen. Das lohnt sich nicht mehr. Das arme Huhn kannst du ausmustern. Das wird in einen Käfig gesperrt, bekommt 24 Stunden Licht, kriegt wahnsinnig konzentriertes und ausgewogenes Futter und muss dann an einem Tag daraus eineinhalb Eier legen.
Jedes Huhn hat um die 360 winzig kleine Eier im Eierstock hängen. Die entwickeln sich Ei für Ei, es entsteht eine Schale darum und sie werden gelegt. Wenn sie gelegt sind, ist es fertig. Früher hat ein Huhn zwei Jahre lang gelegt, heute gerade mal sechs Monate. Dann werden sie ausgemustert, weil nichts mehr zu holen ist.
So wird alles missbraucht. Die Natur wird missbraucht. Früher hat man die Sieben-Felder-Wirtschaft betrieben, das heisst, jedes Jahr war etwas anderes auf dem Feld, einfach um den Boden zu schonen. Man hat ihn aber nicht geschont, aus Respekt vor der Landschaft, sondern man hat ihn geschont, weil man noch keinen Kunstdünger hatte. Wenn sie früher drei Jahre hintereinander Mais gepflanzt haben oder Kartoffeln, war der Boden kaputt. Da war nichts mehr da. Mit dem normalen Dünger, dem Mist von Schweinen und Kühen, war nicht mehr herauszuholen. Und so hat man über die Jahrhunderte hindurch diese Sieben-Felder-Wirtschaft gemacht, um den Boden optimal zu beerben und ihn nicht zu zerstören. Es hatte seinen normalen, natürlichen Rhythmus.
Der Boden ist ein Organismus, ein Biotop, ein lebendiges Wesen.
Heute hauen die teilweise zweimal im Jahr Raps auf den selben Acker hintereinander. Dann nehmen sie eine Bodenanalyse, bringen sie in ein Labor und sehen, welcher Bestandteil verbraucht ist. Das Fehlende wird genau bemessen und wieder künstlich aufgebracht und fertig.
Man nimmt keinerlei Rücksicht mehr auf das, was eigentlich normal ist. Das endet damit – wenn es ums Essen geht – dass man auch keine Zeit mehr hat

PHILOSOPHIE ZWEI

Franzens erste Lehrerin: Oma Mathilde beim „Sunnewirbeli" putzen in der alten Schwarzen-Adler-Küche. Ihr obligatorisches Viertele Lehberg-Silvaner ist nicht mit im Bild

zum Kochen. Also nicht nur um das Produkt zu erhalten und zu ziehen. Heute haben die Leute mit Geld die tollste Küche, da fehlt nichts. Sie können sich die teuersten Werkzeuge und Maschinen leisten, gehen am Samstag schön einkaufen und denken, das ist jetzt das Leben. Sie kaufen sich die Kühlschränke voll und kochen dann einmal die Woche, wenn überhaupt. Manchmal kochen sie gar nicht, weil sie keine Zeit mehr haben, oder sie gehen abends aus zum Essen.

In der Zeit meiner Eltern und Grosseltern war der Herd fast immer an. Sie haben ständig gekocht. Morgens, wenn der Herd fast ausgeglüht war, haben sie Reisig hineingegeben, ein bisschen Zeitungspapier, und dann entzündete sich die Glut wieder. Die brauchten noch nicht mal ein Streichholz.

Da standen immer Töpfe auf dem Herd. Das war entweder eine Suppe oder ein Jus. Oder auch nur Gemüsewasser, in das sie Kräuter hineingetan haben, um daraus noch eine Suppe zu machen. Sie haben nebenbei immer noch etwas anderes gekocht. Sie haben nie nur das Mittagessen gemacht. Sondern gleichzeitig für das Abendessen oder den nächsten Tag mitgesorgt.

Für mich ist das ein Zusammengehen von Effizienz und Effektivität.
Es war effizient aber nicht besonders effektiv, wenn du das meinst.
Effizient, weil es sich gelohnt hat, weil die Arbeitszeit ökonomischer war. Nicht besonders effektiv, da es uns nachher zu den Ohren herausgekommen ist.
Es gab bei uns so zwei, drei Tage nach dem Schlachtfest immer noch Sauerkraut und die Leute fingen schon langsam an zu gähnen. Weil sie einfach Riesenmengen gekocht hatten. Und dann hat man gesagt, also heute Mittag gibt es jetzt noch mal ein bisschen Bauchfleisch, Sauerkraut und Pellkartoffeln dazu. Kartoffelpüree haben wir jetzt die ganzen Tage gehabt.
Während die anderen noch am Tisch gegessen haben, ist meine Grossmutter hergegangen, hat die restlichen Kartoffeln mit der Gabel zerdrückt, das restliche Bauchfleisch klein geschnitten, die Kartoffeln und das Sauerkraut miteinander vermischt, die Speckstücke untergehoben und das Ganze in ein Gratiniergefäss gegeben. In eine Steingutschale.

Klingt nach „Szegediner Gulasch".

Bei uns hieß es „Grütleimen". Lehm, Stroh und Wasser ist Grütleimen. Beim Bauen der Fachwerkhäuser wurden zwischen die Fächer geschnittene Weidenstöcke gesteckt und zu Matten verwoben. Und mit Grütleimen bedeckt. Die Masse hatte man mit den Händen auf die Matten geschmiert. Das war die eigentliche Wand zwischen dem Fachwerk – zwischen den Hölzern.

Zurück zum Essen. Unser Essen sah genau so aus. Es war die letzte Stufe der Gerichte, die es in dieser Folge gab, die nacheinander kamen. Das hatte Oma so gemacht, weil sie nachmittags in die Reben musste oder zum Einkaufen.

Sie schob es in den halb kalten Backofen und es schmorte so vor sich hin und es sah abends aus wie ein furztrockener Kuchen. Dann kam das auf den Tisch mit einem grünen Salat, und das war's. Ich breche jetzt hier nicht eine Lanze für die Resteverwertung, sondern will damit sagen, dass das tägliche Kochen an sich zum ganz normalen Leben dazugehörte.

Das ist der Unterschied zwischen dem modernen Leben und der alten Zeit. Die Menschen haben früher nicht gesagt, ich habe die ganze Woche gearbeitet und jetzt Lust, mich drei Stunden hinzustellen um zu schnippeln, zu kochen und zu braten. Es war früher so, dass man jeden Tag etwas zubereitet hat.

Was bedeutet das, historisch gesehen, für die Entwicklung des Geschmacks?
Die ganzen Veränderungen des täglichen Lebens haben sich natürlich auf die Esskultur ausgewirkt. So kommt es zu „Fast Food", zwischendurch, schnell eingenommen, genormt, ohne Geschmack. Die Fast-Food-Industrie hat ja eine Nische gefunden, die die Leute selbst geschaffen haben. Wenn wir noch so kochen würden wie früher, hätte „Fast Food" keine Chance und würde auch nicht gebraucht.

Wie kann ich mich vernünftig ernähren, wenn ich nicht über die Mittel verfüge, um in ein Restaurant zu gehen und keine Zeit habe, selbst zu kochen?
Gäbe es Gastronomen, die keinen Riesenaufwand betreiben und deshalb keine bestimmte Umsatzmargen brauchen und noch was von dem Beruf verstünden, könnten sie sehr wohl mit etwas Mühe ein kleines Essen für zehn Euro machen.

ORANGEN-QUARK

EINKAUFSLISTE
4 Orangen, 250 g Quark,
3 EL Milch, 3 EL Zucker, 1 Eigelb,
1/8 l Sahne, Saft von 2 Orangen,
und 2 Zitronen, 2 Eiweisse,
Orangenjulienne

↘ *Von den Orangen die Kappe abschneiden und das Fruchtfleisch vorsichtig herauslösen. Quark, Zucker und Eigelb verrühren, nach und nach die Sahne dazugeben. Den Orangen- und Zitronensaft unterrühren. Das geschlagene Eiweiss vorsichtig unterziehen und etwas ungespritzte Orangenjulienne unterheben. Einfüllen und mit Orangenjulienne garnieren.*

ORANGEN – EISSOUFFLÉ

8 Eigelbe, 250 g Zucker,
3 Blatt Gelatine,
30 cl frischer Orangensaft,
2 cl Cointreau, 4 Eiweisse,
1/4 l Sahne, 30 g Zucker

↘ *Die Eigelbe mit der Hälfte des Zuckers cremig schlagen und die kalt eingeweichte, zerdrückte Gelatine dazugeben und dann bei schwacher Hitze bis zur Rose abziehen. Den gesiebten Orangensaft mit dem Cointreau unterheben und alles eine Weile kalt stellen.*

↘ *Eiweisse steif schlagen, den restlichen Zucker langsam darunter rieseln lassen und unter die Masse heben. Sahne steif schlagen und den Zucker dazu geben. Vorsichtig mit dem Kochlöffel in kleinen Mengen unterheben. In die Soufflé-Formen mit Papiermanschetten einfüllen und gefrieren. Zum Schluss mit Kakaopulver bestreuen.*

Der Schlüssel zum Erfolg. Einkaufen, Bürokram, Reservierungen checken und Speisekarte schreiben sind nicht zu umgehen. Lieber verbringt Franz Keller die wenige freie Zeit im Adlergarten bei seinem Geflügel - einem der Höhepunkte seiner Küche

Nur ist dann kein Luxus mehr drin, da gibt es keine aufwendige Karte, sondern ein „Plat du Jour" – ein Tagesgericht. Jeden Tag ein anderes Gericht für zehn Euro. Da sollten wir wieder hinkommen.

Und wenn sie dann 100 Portionen à zehn Euro verkaufen, hätten alle was davon. Die Gäste müssten keine schlechte Qualität essen und der Gastronom hat seinen Umsatz. Das wäre der Kompromiss.

Demnächst habe ich vor, die Adlerwirtschaft drei Tage die Woche geschlossen zu halten, um die restlichen vier Tage mittags und abends für ein gutes Essen bereit zu stehen. Was erst einmal so aussieht, wie wenn ich jetzt oberfaul geworden wäre und drei Tage „frei" mache, ist eine logische Folge unserer bescheuerten Wirtschaftspolitik! Jeden Tag mittags *und* abends geöffnet zu haben, kann ich mir nicht leisten. Für mich würde es bedeuten, dass ich noch mehr Personal bräuchte und das bei unseren Lohnnebenkosten.

Also mache ich an drei Tagen mittags mein Plat du Jour für etwa 22 Euro, ausser am Sonntag, da kann ich nicht für nur einen Zwanziger kochen. Und meine Mannschaft freut sich auf ihre freien Tage an einem Stück. Dass wir dafür aber an den anderen vier verbleibenden Tagen trotzdem mindestens zehn Stunden arbeiten müssen, interessiert wohl höchstens die völlig durchgeknallten Gewerkschaftsheinis der alten Bundesrepublik von Vorvorgestern.

Wie kann ich als normaler Gast herausfinden, was gut ist und was nicht?
Das Problem ist, dass die Leute gar nicht mehr wissen, was gut ist.
Wenn heute ein Kind von der Schule nach Hause kommt, sucht es sich sein Lieblingsessen aus der Tiefkühltruhe und schiebt es in die Mikrowelle. Die Mutter macht sich um fünf eine Hühnersuppe und der Vater abends um acht ein Gulasch auf dieselbe Weise. Die Rituale des gemeinsamen Essens sind kaum mehr da. Wenn Kinder in einer Familie aufwachsen, wo nicht mehr gekocht wird, geht die Esskultur verloren. Wenn sie dann 35 sind, und aus gesellschaftlichen Gründen in ein Restaurant gehen, wissen sie doch gar nicht mehr, was sie bestellen sollen.

PHILOSOPHIE ZWEI

Keine Angst Frau Weber, Rafael kommt nicht in den Topf. Auf dem „Falkenhof" im Taunus sind Franz Kellers Bunte Bentheimer Freilandschweine und fünfundzwanzig Charolaisrinder bestens untergebracht

Was ist zu tun, um das Erbe der Geschmackskultur zu bewahren?

Ich begrüße die „Slow Food Bewegung", die diese Dinge fördert. Das ist ein Markt der Zukunft – es gibt viele Menschen, die diese Produkte kaufen wollen. Manche, weil sie Angst vor den Lebensmitteln haben, die heute auf dem Markt sind, und andere, die sich das einfach leisten wollen. Aber noch ist es nur ein ganz geringer Prozentsatz von Konsumenten.

Mir scheint, gute Ernährung und guter Geschmack ist eine Frage des Geldes, und demzufolge eine Frage von Angebot und Nachfrage.

Es ist umgekehrt. Es gibt heute die Nachfrage für die grosse, gute und auch traditionelle Küche und ebenso für die traditionellen Lebensmittel. Doch das Angebot an Restaurants und Hotels ist viel zu gross gegenüber der Nachfrage. Deshalb gehen unglaublich viele Gastronomen und Hoteliers pleite. Es ist ein ganz schmaler Grad, auf dem es weitergehen kann. Da gehören solche Restaurants dazu, die das Plat du Jour-Konzept neu kultivieren. Essen für das tägliche Leben, das man sich auch wirklich *täglich* leisten kann. Ich bin sogar der Überzeugung, dass man dieses Konzept noch verändern kann. Zum Beispiel eine Standardversion für zehn Euro und eine gehobene Version für 30 Euro. Und dann hat es sich auch schon. Keine Karte mehr mit zwölf Vorspeisen und acht Hauptgerichten. Das Vorhalten von hochwertigen Produkten kostet unglaublich viel Geld und auch Energie. Und zum Schluss schmeisst du sie weg, weil sie keiner bestellt. Wenn du weniger anbietest, konzentrierter kochst, also mit weniger Produkten, dann hast du einen besseren Umschlag und kannst ganz anders einkaufen – auch qualitativ.

Wie würdest du ein Tagesgericht anbieten?

Ich würde zum Beispiel sagen, meine Plat du Jour besteht an einem Tag im Herbst aus Flädlisuppe, richtig hergestellt, wie es sich gehört. Danach gibt es ein Rehgulasch mit Spätzle und Wirsing und hinterher ein grosses Stück Zwetschgenkuchen.

Für 30 Euro oder für zehn?

Für manche vielleicht besser für 30 Euro, weil sie bei zehn denken, das kann nichts sein. Weil sie es mit ihrem Geschmack nicht feststellen können.

Gilt der Spruch noch: „Ein guter Wein ist ein guter Wein und ein gutes Essen ist ein gutes Essen"?

Der Begriff vom guten Wein und vom guten Essen wird bleiben. Aber zu jeder Zeit hat er etwas anderes bedeutet. Es gibt Leute, mit denen kann ich über Wein streiten. Sie sagen, ein guter Wein muss frisch sein und tolle Fruchtaromen haben, ein bisschen Kohlensäure, nicht so viel Alkohol – er muss Spass machen. Das ist lächerlich für mich. Es gibt in bestimmten Szenelokalen „moderne" Weissweine, die kannst du mir im Schlaf nicht einflössen, die trinke ich nicht. Ich merke ganz genau, was da mit Hi-Tech Mitteln zusammengeschustert ist oder was aus der Natur kommt.

Jetzt kommen sie alle wieder und sagen, „Vin Terroir", also Weine, die nach dem Boden schmecken auf dem sie gepflanzt wurden, nach der typischen Rebe, die auf diesem Boden immer gewachsen ist. Die Leute, die das propagieren, Stuart Pigott und solche Kenner, die grosse Weine entdeckt haben, meckern jetzt plötzlich, weil der Wein in Kalifornien genau so schmeckt wie in Afrika, wie in Südfrankreich und in Baden. Und sagen: das kann's doch nicht sein. Man sieht hier dieselbe Entwicklung wie mit den Lebensmitteln. Es kann sein, dass in unserer Generation etwas verschwindet, was man in der nächsten Generation nicht vermissen wird.

Du hast mir erzählt, dass du früher eine Vision hattest, wo du einen Club gründen wolltest, der zweimal die Woche zusammenkommt und speist. Wo es Begegnung gibt von Menschen unterschiedlicher Couleur. Du hattest den Wunsch, zwischen den Treffen Zeit für Kontemplation und Kreativität zu haben. Was ist aus diesen Träumen geworden?

Das war früher. Im Grunde genommen habe ich diese Idee in der „Adlerwirtschaft" verwirklicht. Ich mache was ich will und wie ich es für richtig halte. Ich habe ein Team von Mitarbeitern aufgebaut, die meine Impulse so umsetzen,

ORANGENSCHAUM

EINKAUFSLISTE
12 bis 16 Personen:
8 Blatt weisse Gelatine,
9 Eiweisse, 250 g Zucker,
1 l Sahne, 75 ml Orangensaft,
2 EL Zitronensaft,
1 TL Rosenwasser,
2 dl Grand Marnier,
3 Eigelb, 50 g Zucker, Salz

▶ Die Gelatine in kaltem Wasser einweichen. 3 Eiweisse mit 250 g Zucker zu sehr festem Schnee schlagen und kalt stellen. Die Schlagsahne fast steif schlagen und kalt stellen.

▶ In einem Topf Orangen- und Zitronensaft aufkochen, dann Rosenwasser dazugeben und etwas Grand Marnier. Die Gelatine ausdrücken und in der heissen Flüssigkeit auflösen.

▶ 3 Eigelbe mit dem noch warmen Saft-Gelatine-Gemisch 3 Minuten lang sämig aufschlagen. Abgeriebene unbehandelte Orange und Zitrone beigeben.

▶ Nochmal 6 Eiweisse, 50 g Zucker und eine Prise Salz zu Schnee schlagen. Zuerst möglichst schnell den kaltgestellten Eischnee unter die Eigelbmasse heben, dann die Sahne und den neu geschlagenen Eischnee unterheben. In mit Folie ausgekleidete Formen giessen wie beim Parfait.

▶ Zum Anrichten in Scheiben schneiden, mit braunem Zucker bestreuen und schnell karamellisieren. Dazu Orangenschnitze mit Saft kochen, reduzieren, etwas Orangenschalen-Julienne darunter und ein Schuss Grand Marnier.

PHILOSOPHIE ZWEI

Vom Wirsing bis zum Hühnerei. In der Markthalle der Domäne Mechtildshausen findet Franz Keller alles: Geflügel, Eier, Käse, Sahne und Milch. Zusammen mit dem Käsemeister des Biohofs brachte er den tagesfrischen „Fromage Blanc" in die Region

dass sie meinen Vorstellungen entsprechen. Sie machen es so, wie ich es will.

Kreativität ist nicht mehr so stark mein Thema. Kreativ will heute in meinem Metier jeder sein. Bei mir geht's jetzt mehr um das Produkt und den besten Moment. Manchmal habe ich die Befürchtung, dass das Leben zu kurz ist, um alles machen zu können, was ich mir vorgenommen habe. Ich habe immer so einen Stoss von Arbeitszetteln, die ich gelegentlich aktualisiere. Viele Dinge schleppe ich schon jahrelang mit mir herum. Ich möchte sie begreifen, die Zusammenhänge erfassen, sie umsetzen, ausprobieren usw.

Welche Zusammenhänge siehst du heute?
Die Ernährungskultur von heute wird es in einigen Jahren nicht mehr geben. Die natürlichen Zusammenhänge gehen verloren. Früher hat man in den frisch geernteten Weizen einen Besenstiel gesteckt, damit die Feuchtigkeit verdampfen konnte. Ich erinnere mich noch an den Duft des Weizens, wenn ein Wagen mit Weizen und dem Besenstiel darin an mir vorüber fuhr. Heute hauen sie literweise Ameisensäure über den Weizen, damit die Feuchtigkeit ihn nicht verderben kann. Wenn heute einer eine Weizenallergie hat, dann hat er sie nicht wegen des Weizens, sondern wegen der Ameisensäure oder anderem Dreck, den man mitisst, wenn man ein Weissbrot kauft.

Denkst du, die natürlichen Kreisläufe sind gestört?
Allerdings. Der Mensch lebt davon, dass ihm etwas zugeführt wird, was er in Energie umsetzt. Wenn du jeden Tag einen Apfel isst, reagiert dein Körper anders darauf, als wenn du die Inhaltsstoffe des Apfels analysierst und diese in Form von Pillen zuführst. Du kannst dir den Unterschied vorstellen. Mit der Gentechnologie ist das vergleichbar. Niemand kann mir erzählen, dass etwas, was sich in Millionen von Jahren entwickelte, in so kurzer Zeit durch moderne Technologien nachgebaut werden kann. Es kann nur Flickwerk dabei herauskommen. Wenn es um Lebensmittel geht, kann der Weg nur zurückgegangen werden – zurück zur Natur.

PHILOSOPHIE ZWEI

Der Domänen-Markt Mechtildshausen ist der grösste Bioland-Bauernhof Hessens. Er ist auch Ausbildungsstätte für benachteiligte Jugendliche, die hier in 24 Bereichen zu Fachkräften ausgebildet werden

Die Proportionen stimmen nicht mehr. In unseren Wohlstandsgesellschaften wird zuviel Fleisch gegessen. Es braucht ein Vielfaches an Energie gegenüber pflanzlicher Ernährung, um Fleisch zu produzieren. Wir nehmen auch zuviel Zucker und Fette zu uns, obwohl wir nicht mehr körperlich arbeiten. Die Dinge müssen sich umstellen. Man sollte die Dinge wieder von Grund auf angehen und vernünftig damit leben. Die Leute in den Dörfern haben das früher beherrscht. Und zwar aus ihrer Armut heraus. Sie haben auf die Natur gehört und sie geachtet. Sie besassen sehr wenig. Im Winter gab es Äpfel, Kartoffeln, ihren Speck und ein paar Kohlsorten. Im Frühjahr gab es Salat und Rüben. Und im Herbst hatten sie ihre Kürbisse und den Mais. Alles hatte seinen natürlichen, regionalen Kreislauf. Und dieser Kreislauf ist nicht in dem Masse veränderbar, wie wir es glauben.

Man kann nicht manipulieren, bis der Kreislauf der Natur aufgehoben ist. Ich glaube nicht, dass diese Entwicklungen noch etwas mit dem Lebenssinn zu tun haben, den wir alle suchen – den die meisten von uns aber nicht mehr spüren.

Du hast gesagt, dass man die Zeit nicht anhalten kann?

Im Jüdischen finde ich den Sabbat so gut. Per Gesetz ist verboten zu arbeiten. Du sollst nichts machen. Du sollst dich hinsetzen und darüber nachdenken, was du getan hast. Was machst du mit deinem Leben, was hast du davon? Das ist für mich eine unglaublich gute Logik. Wir kommen doch vor lauter Machen gar nicht mehr zum Denken. Wir rasen nur durchs Leben. Wir halten nur an, wenn wir durch Krankheiten oder irgendwelche Schicksalsschläge zum Nachdenken gezwungen werden. Und dann ist es meistens schon zu spät.

Reicht dir dein Leben, reicht dir, was du jetzt mit deinem Restaurant und mit deinen Produkten erreicht hast?

Es macht mir sehr großen Spass. Ich bin jetzt langsam soweit, wo ich mich gern mal mit meinem Sohn Franz, der auch Koch und Konditor gelernt hat, bei einer Flasche Wein an den Kamin setzen würde. Ich könnte ihm vermitteln, welche

Erfahrungen ich in unserem Gewerbe gemacht habe. Vor allem das Wissen um die Qualität und Erzeugung der Produkte.

Es gibt doch heute vieles, was in unseren Haushalten nicht mehr präsent ist. Sie haben Vollei im Tetra Pack, um ihre Omeletts zu machen. Selbst in den gastronomischen Betrieben wird zu 90 Prozent nicht mehr mit frischen Eiern gearbeitet. Erst gab es das Eipulver, heute nehmen sie aus Holland Tetra-Packs. In dem einem ist Vollei, in den anderen sind Eiweiss oder Eigelb. Aber die Verbraucher werden ja auch total verunsichert. Es vergeht doch kaum ein Monat, indem nicht irgendeine Lebensmittelsauerei auffliegt. Wenn ich Eier von meinem Hühnerhof hole, kann ich die Erfahrung meiner Kindheit reproduzieren, als ich die Eier unter den Hühnern hervorgezogen habe und daran roch. Sie waren noch warm und rochen intensiv nach Kalk. Deshalb arbeite ich mit Produkten, um die ich mich selber kümmere.

Ich bin mir auch ganz sicher, dass die wirklich grossen Lebensmittelskandale mit vergifteten und krankgemachten Menschen in grossen Dimensionen erst noch kommen werden. Und dass die bisherigen sich daneben als lächerlich herausstellen werden.

Ich bin in Frankfurt mit der U-Bahn gefahren und war schockiert über die vielen synthetischen Düfte. Die Parfüms werden immer stärker und eins duftet penetranter als das andere. Ich würde gern mal mit jungen Leuten an einem Sommertag um elf Uhr, wenn die Sonne schon sticht, spazierengehen Ich würde ihnen sagen, knie dich mal hin und rieche an der Erde, die morgens feucht war und jetzt langsam trocken wird. Riech auch mal an irgendwelchen Gräsern und Blüten, Sandstein oder Schiefer.

Hast du noch Ziele, die du verwirklichen willst?

Mehr in Feld und Flur mit den Produkten arbeiten. Mit ihrem Entstehen. Also mit Tieren, mit Gemüse, mit Reben und mit Wein. Ich möchte mich mehr der Herstellung der Produkte widmen als eine Küche zu führen. Ehrlich gesagt ist Gastronomie, insbesondere gutes Kochen – bei aller Freude – ein harter Job. Früher hiess es, dass ein Koch, der mit vierzig nicht Küchenchef ist, zu saufen anfängt. Ich möchte nicht am Herd mit allem Drum und Dran bis zur Pensions-

WALNUSS-PARFAIT MIT SCHOKOLADENSAUCE

EINKAUFSLISTE
80 g Zucker,
140 g Walnüsse,
4 Eigelbe,
50 g Honig,
80 g Zucker,
20 cl Milch,
30 cl Sahne,
Saft von 2 Limetten

↘ *Zucker schmelzen und die Walnüsse darin glasieren. Auf einem geölten Backblech auskühlen lassen.*

↘ *Aus Ei, Zucker, Milch und Honig eine englische Crème herstellen. Mit dem Rührer kalt schlagen, dann die geschlagene Sahne, den Limettensaft und die grob gehackten Walnüsse unterheben.*

↘ *In Kastenform gefrieren und mit Schokoladensauce servieren.*

SCHOKOLADENSAUCE
0,7 l Milch,
0,3 l Sahne,
200 g dunkle Schokolade,
8 Eigelbe,
150 g Zucker

↘ *Milch und Sahne mit zerriebener Schokolade aufkochen. Zucker und Eigelb schaumig schlagen. Kochendes Milch-Sahne-Gemisch zur Zucker-Eigelb-Masse geben und dauernd rühren. Über kochendem Wasser bis zur Rose abziehen (für die weniger Geübten). Passieren und kühlen.*

In Ruhe vor dem Sturm: Mama Irma an der Stammtischeckenwand - die „Adlerwirtschaft" kurz vor Öffnung

grenze kochen. Deshalb will ich mich mittelfristig auf das spezialisieren, was ich mir angeeignet habe. Um der nächsten Generation, die meine Haltung von Qualität teilt, diese Produkte zu verkaufen. Ich würde mich zu ihnen an den Stammtisch setzen, ein gutes Glas Wein trinken und wieder heimfahren.

Du versuchst Vorbild zu sein – im besten Sinne?
Vorbildlich in dem, was diese Lebensphilosophie ist, ja. Es gibt natürlich schon heftige Kritik von meinen drei Kindern, weil ich praktisch nur für die Arbeit lebe. Aber ich fände es ziemlich öde, wenn ich immer nur über die Zustände des Lebens philosophieren und nichts dagegen tun würde. Damit das Philosophieren einen Erfolg zeigt. Nicht im Sinne von materiellem Erfolg, sondern dass das, was ich mache, verstanden wird.

Was schliesst du daraus?
Ich glaube an die Magie der Langsamkeit.
Derselbe Gedanke ist auch in der „Slow Food"-Richtung zu finden. Man sollte aus dem Essen wieder ein Ritual machen. Am Wochenende sollte der Familienkochtag sein. Zusammen einkaufen, kochen, essen – sich Zeit füreinander nehmen. Diese Bezüge müssen wieder hergestellt und ausgebaut werden. Die Sinne müssen wieder geschult werden. Sinnlichkeit und Zeit sind die Hauptfaktoren, wenn es um ein gutes Leben geht.
Und wer keine Familie greifbar hat, sucht sich eben andere Leute dazu aus. Selbst wenn es nur als Vorwand dient, mal wieder einen anderen Menschen kennenzulernen.

Was ist ein gutes Leben für dich?
Ein gutes Leben kann nicht bedeuten, immer nur zu hetzen, um rechtzeitig die Bankzinsen zu bezahlen, um noch wohlständiger, noch machtvoller, noch bekannter zu werden. Die wesentlichen Dinge müssen stimmen und es muss mir Spass machen. Ich habe nie eine Sache lange durchgezogen, wenn es

Auch Umstrittenes ist gut. Froschschenkel in Petersilienbutter mit Knoblauch: Franz Keller haut ordentlich rein

mir keine Freude gemacht hat. Ich liebe meine Arbeit und bin gerne mit Menschen zusammen.

Ich habe vor zehn Jahren dem Guide Michelin klargemacht, dass ich jetzt in einer anderen Liga kochen und ein eigenes Konzept kreieren will. Ich wollte den Stress der Sterne-Küche nicht mehr mitmachen.

Ich fühle mich dann am wohlsten, wenn alles, was ich brauche, um mich herum ist. Dazu gehören in erster Linie die Menschen. Menschen, die ich schätze und liebe, die für mich da sind. Bisher habe ich es fast immer geschafft, dass meine Gäste (die Richtigen!) aus den früheren Restaurants dahin kamen, wo ich gerade war.

Kannst du den Menschen, die ja für ihr leibliches Wohl sorgen müssen, etwas empfehlen was ihnen weiterhilft?

Ich habe eine gewisse Vorstellung davon.

Ich würde mir wünschen, dass die Menschen mehr auf ihre Lebensqualität achten. Was für sie dazu gehört und was nicht. Im Bereich der Lebensmittel gibt es ja schon einen Prozess in diese Richtung – immer mehr Leute kaufen hauptsächlich Ökoprodukte – oft schon direkt bei den Erzeugern.

Wie sind deine Erfahrungen beim Einkaufen – auf den Märkten, bei den Erzeugern?

In Wiesbaden gibt es einen Wochenmarkt. Dort sind 80 Prozent der Produkte von einer Qualität, dass die Leute sie genauso gut im Supermarkt einkaufen könnten. Aber dort ist es nicht so romantisch, weil der Käse nicht in einem umgebauten Wohnwagen präsentiert wird. Normalerweise läufst du unerotisch im Supermarkt herum und knallst dir alles in den Wagen. Dann stehst du an der Kasse und haust es aufs Band, dann wieder in den Wagen und dann gehst du. Kommunikation und menschliche Begegnungen fehlen völlig.

Dazwischen gibt es aber auch Stände, die von Ökobauern aus der Region betrieben werden. Es macht mir Spass, die Leute beim Einkaufen zu beobachten. Schön daran ist die Kommunikation der Leute miteinander. Die

Verkäufer und die Kunden kennen sich, begrüssen sich mit ihren Namen. Das ist auch eine Stufe von Lebensqualität. Dieser Aspekt spiegelt für mich mehr Menschlichkeit, mehr Natürlichkeit und mehr Konzentration auf das Wesentliche.

Auf dem Markt gibt es auch einen Stand mit einem köstlichen Ziegenkäse, der auf einem Ferienhof mit ökologischem Landbau im Taunus produziert wird. Die machen Ziegenquark und backen köstliches Brot. Wenn ich dort einkaufe, schaue ich mir an, wer zu dem Stand geht und wer vorüber. Ich kann die Leute, die an dem Stand kaufen werden, schon erkennen, bevor sie überhaupt da sind. An ihrer Natürlichkeit und an ihrem unprätentiösen Auftritt.

Wenn du in guter Stimmung bist und alle Waren da hast, was kochst du dir dann am liebsten selbst?

Es hat immer etwas mit Fleisch zu tun. Fleisch ist für mich etwas Archaisches. Bei mir dreht sich sehr, sehr viel darum – aber ich muss es ja nicht jeden Tag haben. Es heisst auch nicht, dass ich nicht gerne Gemüse esse. Für mich wäre es äusserst schwierig, wenn ich aus persönlichen oder gesundheitlichen Gründen nur noch vegetarisch essen müsste. Das wäre für mich schon eine mittlere Katastrophe.

Fleisch ist ein Konzentrat. Es gibt Ökologen, die sagen, es ist eine Schweinerei, dass wir so viel Fleisch essen. Um ein Kilo Fleisch zu produzieren, braucht man vierzig Kilo Weizen. Mit dieser Menge von Weizen könnte man entsprechend viele Menschen eine Woche lang ernähren. Diese Theorie bedeutet mir ökologisch und ökonomisch eine ganze Menge.

Wie lautet dein Leitgedanke, in einem Satz auf den Punkt gebracht?

Bei mir in der Adlerwirtschaft hängt ein schöner Spruch an der Wand:
„Rien de nouveau" – Nichts Neues.
Genau wie mein Adlerwirtschaftsmotto:
„Vom Einfachen das Beste".
Das bringt auf den Punkt, was ich denke: es gibt nichts Neues. Soll heissen: begreife erst einmal das Vorhandene, das Einfache, das Wesentliche.

🍽 WALNUSS-PUDDING MIT KIRSCHSABAYON

EINKAUFSLISTE
Pudding:
140 g Walnüsse,
140 g Butter,
70 g Puderzucker,
8 Eigelbe,
140 g dunkle Schokolade,
80 g dunkle Biskuitbrösel,
8 Eiweisse,
70 g Zucker,
Butter und Zucker für die Förmchen

↘ *Die Walnüsse in Butter erst bräunen und dann karamellisieren. Butter, Puderzucker, geschmolzene Schokolade und Eigelbe schaumig rühren. Die gerösteten Walnüsse und Biskuitbrösel dazugeben.*

↘ *Die Eiweisse mit dem Zucker schaumig schlagen und unterheben. Die Förmchen mit Butter fetten und mit Zucker ausstreuen. Die Masse in die Förmchen füllen und bei 140° etwa 25 Minuten im Wasserbad pochieren.*

SABAYON:
13 Eigelb
180 ccm Kirschsaft
2 cl Kirschwasser
50 g Zucker

↘ *Zucker im Mixer mit den Eigelben, dem Kirschsaft und dem Kirschwasser kurz und cremig verrühren und über schwachem Feuer bis zur stehenden Sabayon aufschlagen.*

WARENKUNDE

WAREN-
KUNDE FÜR
SLOWFOOD-
FREUNDE

🍽 Ich glaube an die Magie der Langsamkeit. Man sollte aus dem Essen wieder ein Ritual machen. Zusammen einkaufen, kochen, essen – sich Zeit nehmen. Die Sinne müssen wieder geschult werden. Fleisch ist ein Konzentrat. Es gibt Ökologen, die sagen, um ein Kilo Fleisch zu produzieren, braucht man vierzig Kilo Weizen. Mit dieser Menge könnte man viele Menschen eine Woche lang ernähren. Diese Theorie bedeutet mir ökologisch und ökonomisch sehr viel. Gerade deshalb will ich Ihnen ein paar Hinweise über die vier wichtigsten Arten von Fleisch geben – um der Massentierhaltung und dem Raubbau entgegenzutreten.

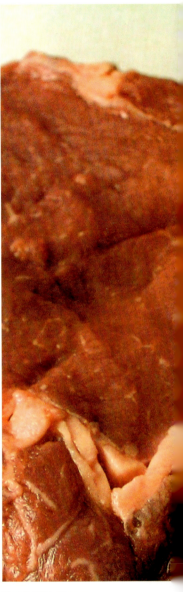

Charolaisfleisch vom Feinsten: schön fett, gesund und schmeckt gut

ALLES ÜBERS CHAROLAIS

Charolaisrinder sind reine Fleischrinder, und das ist eine der wichtigsten Voraussetzungen um richtig gutes Fleisch zu erhalten. Die meisten Rinderrassen in Deutschland sind Milchrinder, deshalb vom Aufbau und der Fleischstruktur anders, eben auf Milchproduktion hin gezüchtet. Dazu kommen die Umstände der Haltung und die Fütterung.

Charolaisrinder behalten ihre Kälber am Gesäuge bis zu einem Jahr und werden nicht gemolken. Bis zum nächsten Decken bleibt das Jungtier bei der Mutterkuh. Weidegras und Heu sind nach der Milch das wichtigste Futtermittel. Sie brauchen aber auch für ihren starken und grossen Körper – sollen sie richtig rund und auch fett werden – eine zusätzliche Mast, die in den letzten drei Monaten intensiviert wird. Am besten eignen sich dazu Rübenschnitzel oder auch Braugerste und etwas Mais, vom letzteren nicht zu viel.

Soll das Fleisch sehr gut werden, muss das Tier richtig mit Fett gedeckt sein. Das spielt auch beim Reifeprozess am Knochen nach dem Schlachten eine wichtige Rolle, weil eine zu starke Trocknung dadurch verhindert wird.

Ich verarbeite nur Färsen, also junge weibliche Rinder, die noch nicht gekalbt haben und nicht über 30 Monate alt sind.

Nicht viel halte ich von Bullenfleisch, es ist grobfaseriger und der Geschmack ist meiner Meinung nach nicht so fein, oft ist auch das Fett schon in der Muskulatur eingelagert. Dieses Fleisch ist jedoch leichter zu verarbeiten, das heisst, jeder Laie kann damit besser seine Steaks braten. Es muss auch nicht so lange abhängen und hat dadurch weniger Gewichtsverlust. Klar, dass es dadurch beim Händler und Verbraucher beliebter ist. Bei uns nannte man die Bullen einfach „Fresser", was sollen die armen kastrierten Kerle sonst auch machen.

Natürlich müssen die Färsen eine gute Fettschicht nicht nur auf den Rippen haben. Mageres Fleisch ist etwas für Nichtskenner und „Pseudogesundlebenwoller". Sollen die mal lieber bei der mit viel Soja aufgeblasenen und ach so beliebten Pute bleiben, die vor lauter magerem Brustfleisch im Körperbau deformiert ist und sich nur noch mit einem möglichst gutausgewogenen Cocktail von Antibiotika und anderem Ungesunden mühsam am Leben hält,

WARENKUNDE

↘ **Richtig gute Schlachter finden Sie auch nicht in irgendwelchen Hitparaden von Feinschmeckerzeitschriften, ganz einfach, weil diese wiederum meist von der Fleisch- oder Wurstindustrie gesponsert sind. Kennen Sie einen Metzger, der noch direkten Kontakt zum Bauern hat, alle Tiere lebend kauft, selbst schlachtet und nur dieses Fleisch verarbeitet?** ↖

bis sie endlich erlöst wird. Dies zum Thema gesundem Magerfleisch. Wir lassen die einzelnen Fleischteile grundsätzlich am Knochen reifen (abhängen). Den Rücken und die Keule am längsten. Nur das Filet und der Zwerchfellmuskellappen (in Frankreich Bavette) sind möglichst schnell innerhalb der ersten zwei bis fünf Tage zu verarbeiten und zu geniessen. Das heute übliche „Reifen" der Fleischstücke in vakuumiertem Zustand (in Folien eingeschweisst, ohne Sauerstoff) ist eigentlich kein Reifen, sondern ein vor sich hin „Säuern". Es gilt als praktisch, modern und billiger – eben anders als ein bis zu 20%iger Gewichtsverlust beim normalen Abhängen in einem trockenen und nicht zu stark behangenen Kühlraum. Das am Knochen gereifte Fleisch muss pariert (Oberfläche abschneiden) und vom Knochen getrennt werden. Beides kann nur noch entsorgt werden und fehlt so zum Schluss am Gesamtgewicht. Aber die natürliche Fettschicht und die Knochen schützen das Muskelfleisch vor zu starkem Austrocknen und geben ihm später beim Braten seinen unvergleichlichen und guten Geschmack, der anders einfach nicht zu erreichen ist. Egal, ob es noch in die schnelle und scharf durchkalkulierte Welt von heute passt oder nicht – bei uns in der „Adlerwirtschaft" und auch bei meinem Schlachter in Frankfurt wird es so gehandhabt. Es gibt nur noch ganz wenige, die so arbeiten. Die finden Sie nicht in irgendwelchen Einkaufs-Hitparaden von Feinschmeckerzeitschriften.

Sogar das „Bäckchen" vom Zander wird verwertet - ein Hochgenuss

VON FISCHEN UND KRUSTENTIEREN

Ein sehr heikles und umfangreiches Thema! Wo fange ich nur an? Auch beim Fisch machen wir wahrscheinlich so ziemlich alles verkehrt, was man nur verkehrt machen kann. Der Raubbau in unseren Meeren, das Fangen auf Teufel-komm-raus, das Ab- und Leerfischen, ohne sich um die geringsten Zusammenhänge zu kümmern. Diese lernen wir jetzt gerade zu verstehen, indem wir in sogenannten Aquakulturen wieder alles genauso perfekt nachvollziehen und aktivieren, wie wir es in der Tiermast schon getan haben.

Beim Lachs geht das schon seit Jahrzehnten so. Dem hat man schon auf diessem Wege den Wandertrieb „weggezüchtet"! Bis auf ganz wenige Ausnahmen empfehle ich meinen Gästen nur Seefische, die aus dem Meer geholt wurden, ohne jegliche Züchtungsversuche. Noch ist Fisch eines unserer besten und natürlichsten Lebensmittel überhaupt. Ich hoffe sehr, dass die Fachleute und Biologen uns die Zusammenhänge deutlich klarmachen, um durch eine natürliche Optimierung und Abschöpfung dieser einzigartigen und riesigen Reserven uns auch in Zukunft damit ausreichend zu versorgen. Ich bin davon überzeugt, dass unsere Zukunft eher in unseren Meeren als im Weltraum liegt und finde es absurd, dass wir Verbraucher so wenig über die ökologischen Strukturen dieses grössten Teils der Erde wissen. Dem Teil, in dem angesichts des Bevölkerungswachstums unsere meisten Nahrungsreserven sein werden.

Wenn ich am Atlantik bin, freue ich mich wie ein Verrückter auf die „Plateau Fruit de Mer". Von kleinen über grosse, rohe und gekochte Meeresschnecken bis zur Auster und den Kaisergranaten, der Langustine, Crevette rosé und Crevette gris – alles herrliche Geschenke der Natur, von denen ich nicht genug bekommen kann.

Sehr vorsichtig bin ich aber im Binnenland, wo Gambas und andere – meist gezüchtete und gefrorene Krustentiere – „frisch" angeboten werden. Geht es um hochwertige Sorten, wie Kaisergranat, Languste oder Hummer, ist die absolute Frische von höchster Wichtigkeit. Die Granaten vergammeln schnell, zerfallen geradezu in ihrem Panzer. Hummer und Co. fristen öfters ein langes Dasein in den Bassins, schmecken fast nach gar nichts mehr oder haben sich im Laufe ihrer tristen Restzeit von innen aufgezehrt. Am besten schmeckt mir der bretonische oder irische Hummer. Er ist zwar inzwischen um ein Vielfaches teurer als der amerikanische, dafür seinen Preis allemal wert!

Mit dem hochwertigen Nahrungsmittel Fisch sollten sie es so halten, wie beim guten Fleisch: wenn schon, denn schon. Vom Dorsch bis zum Seeteufel. Lieber als Hauptgericht, wenn ich z. B. beim Weisswein bleiben möchte. Vorher Salat oder eine gute Suppe oder auch einen schönen Gemüsegang. Danach auf das edle Eiweiss konzentrieren, ohne aufwendige Beilagen und Schnickschnack. Ein 1,5 bis 2,5 kg schwerer Seeteufel am Mittelknochen, der Wirbelgräte, ohne die äusseren Häute wie ein Stück Fleisch angebraten und im Ofen zu Ende gegart, ist ein herrliches Gericht. Wie oft habe ich schon bei Profikollegen dieses schöne Meerestier hart wie Gummi und verunstaltet vorgesetzt bekommen. In tiefgefrorenem Zustand gekauft, wurde es, wie ein lasches Ragout mit allerlei Pervertierungen und Beilagen auf die Spitze der Geschmacklosigkeit zubereitet, serviert. Grundregel beim Fisch ist: er muss immer frisch sein und darf fast nach nichts riechen.

Fisch kaufen oder essen kann man nur in den Läden und Restaurants, die gut laufen. Diese sensible und grösstenteils sehr teure Ware schmeissen nur ganz wenige wirklich auf den Müll, ist sie erst einmal 'angetitscht'. Sollte Ihnen so ein Schweinepriester etwas verkaufen oder anbieten, was nicht mehr perfekt ist, schmeissen sie es ihm nach und kreuzen niemals wieder in einem solchen Laden auf. Gehe ich zu meinem Lieferanten und will einen superfrischen Dorsch und er empfiehlt mir aber den schwarzen Heilbutt, gehe ich garantiert mit dem Heilbutt weg – oder gar nichts.

Meine liebsten Fische sind der bretonische Steinbutt ab 4 kg aufwärts, der Seeteufel ab 1,5 kg, Zackenbarsche, Dorsch, Kabeljau, schwarzer Heilbutt und natürlich Rochen. Grüner Hering zum Braten und die jungen Matjes im Mai und Juni. Bei den Süsswasserfischen bin ich sehr eigen, da gibt es ganz vorne die Regenbogenforelle aus dem Fliesswassser. Dazu gehört noch der Aal, der aber immer gefährdeter ist und, nicht zu vergessen, die Felchen – etwas ganz Feines. Und auch die Schleien und Maränen in guter frischer Qualität. Die sind aber nur in bestimmten Regionen frisch und gut zu bekommen.

Die Poularde wird vor dem Garen „bridiert" (zurechtgebunden)

FRANZ KELLER

ÜBER GEFLÜGEL

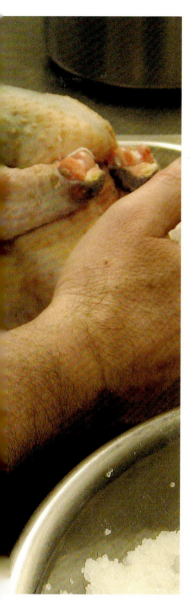

Geflügel ist nicht umsonst weltweit Fleisch No.1, hauptsächlich in den asiatischen Ländern und auch bei den Muslimen. Vielfältig, leicht, unproblematisch zu züchten und zu halten. Blitzschnell fallen mir beim Anblick dieser Tiere gleich hunderte von Rezepten und Zubereitungen ein, quer durch alle Speisekulturen von Indien bis Mexiko.

Im Gegensatz zu anderem Getier brauchen sie nach unserem Zeitempfinden (wohlgemerkt dem natürlichen, nicht dem zur Zeit allgemein gebräuchlichen) nur kurze Wachstumszeiten und sind somit auch sehr preiswert. Dass gerade da übertrieben wird, liegt wieder mal an unserer Art und Weise, damit umzugehen. Ein Hahn, der bei mir im Garten bis zu optimalem Geschmack und optimaler Grösse vier bis sechs Monate braucht, benötigt im Geflügel-KZ gerade mal drei Monate. Klar, dass das Fleisch dann grosszügig aufgeblasen und zart ist, aber auch so gut wie keinen Geschmack hat. Es gibt sogar schon eine grosse Konsumentenschicht, die gerade auf so etwas besonders steht. Nur wenige haben es auch nur in die Nähe von erstklassigem Hühnerfleisch von der Qualität der französischen Bresse-Hühner geschafft, schon allein aus preislichen Gründen. So wundert es mich schon lange nicht mehr, wenn mal wieder eine Reklamation in die Küche kommt, von wegen das Fleisch wäre etwas hart und vom Geschmack ungewöhnlich gewesen. Die Krönung, die dem Fass dann endgültig den Boden ausschlägt ist die, dass nichts mehr auf dem Teller geblieben ist. Dann heisst es wieder mal für mich tief Luft holen und einen möglichst grossen Bogen um den betreffenden Tisch im Lokal machen. Jegliche Aufregung wäre im wahrsten Sinn des Wortes für die Katz.

In unserem Adler-Garten hab ich aus Erfahrung und Not alle mir greifbaren Rassen aufeinander los- und zusammengelassen und jetzt nach vielen Jahren eine äusserst gemischte und bunte Population erhalten. Kerngesund, selbst in kältesten Wintern in offenen, nur windgeschützten Ställen oder gleich auf Kirschbäumen übernachtend um dem immer mal wiederkehrenden Fuchs nicht ins Maul zu kommen. So ist es bei uns völlig natürlich, dass wir garantiert nicht pro Tag und Huhn 1,5 Eier haben. Im Winter ist es normal, dass sie den

> **Ein Hahn, der bei mir im Garten bis zu optimalem Geschmack und optimaler Grösse vier bis sechs Monate braucht, benötigt im Geflügel-KZ gerade mal drei Monate**

Hintern noch seltener aufkriegen und die Produktion bis auf 30% zurückgeht. Aber was solls, um so schöner ist es im Frühling und Ostern. Dann sieht man aufgeregte Hühner und Hähne durch die Gegend rennen und es ist Hochsaison fürs Befruchten, Legen und Brüten. So reichhaltig, dass wir in der Küche über alle möglichen Gerichte für die Speisekarte nachdenken. Vom einfachen „verlorenen Ei" zu Parfaits, Sauce Hollandaise und feinsten Soufflés. Zurück zum Fleisch. Meistens mager ist es gut als Basis für viele Varianten von geschmacklich köstlichen Beilagen. Aber auch das „Fettgeflügel", wie Enten und Gänse, sind in unseren Breitengraden im Herbst und Winter eine wunderbare Bereicherung und Abwechslung auf der Speisekarte.

Was die Gans betrifft, habe ich es in jungen Jahren eher mit dem alten Escoffier gehalten, der den Körper der Gans nur als Rahmen für die Gänsestopfleber ansah und vom Fleisch nicht so begeistert war. Die besten Gänsefleischrezepte habe ich tatsächlich weniger aus dem französischen Bereich, sondern wirklich mehr aus Deutschland, speziell sogar mehr aus den nördlichen Ländern zusammengetragen und ausprobiert. Die Gans ist meines Erachtens ein sehr edles Tier und deshalb wohl auch mit Recht nicht gerade mit links und locker auf den besten Speisepunkt zu bekommen. Gefüllte Gänse, auch in kaltem Zustand als Vorspeise, können etwas Grossartiges sein.

Wildschwein direkt vom Jäger - nur so weiss Franz Keller, in welchen Wäldern es unterwegs war

ZUM SCHLUSS DAS WILD

Bei uns in Deutschland sehr beliebt und das mit Recht, denn es kann das Beste an Fleisch überhaupt sein. Wahrscheinlich weil wir recht wenig beim Heranwachsen daran mithelfen können. Die Tiere fressen, was sie wollen. Gerade deshalb halte ich auch nichts vom gehaltenen Wild wie z.B. Damwild.

Nach dem Abschuss, ca. drei Tage danach, ist das Fleisch auch reif zum Verarbeiten. Die besseren Stücke aus der Keule und dem Rücken – mit Ausnahme des Wildschweins – werden bei mir grundsätzlich nicht mariniert, wenn es sich um junges Wild handelt. Fleisch vom Wildschwein, Hirsch, Reh und Wildhasen ist immer etwas fester von der natürlichen Konsistenz. Es ist bestes Muskelfleisch und, da es sich um schnelle Fluchttiere handelt, garantiert auch gut durchtrainiert. Meiner Meinung nach ist die Summe all dieser Begebenheiten für die hohe Fleischqualität verantwortlich.

Die Marinaden machen Sinn aus entscheidenden Gründen:

- um den Geschmack zu verfeinern
- um das Fleisch zarter zu machen.

Erreicht wird dies durch die typischen Gewürze wie Lorbeer, Rosmarin, Wacholder, Senfkörner, Pfeffer, sowie kräftigen Rotwein, Olivenöl und in manchen Fällen auch Rotweinessig. Letzterer sollte vorsichtig gehandhabt werden. Früher wurde Essig zur Abdeckung allzu starker „Brunst-Aromen" bei Hirsch und Eber verwandt. Besser ist, solches Wildbret dem Jäger notfalls selber zu überlassen. Geschmacklich sind ältere Tiere aber auch ganz hervorragend, wenn man entsprechend mit ihnen umgeht: längeres Marinieren, längere Garzeiten und zum Beispiel in Form einer kalten Sulze.

Wildkauf ist auch eine sehr heikle Sache. Für mich kommt deshalb nur Wild in Frage, das ich als ganze Tiere von Jagden aus der näheren Umgebung gebracht bekomme. Ganz heikel bin ich beim Schusspunkt und auch bei der Kontrolle des ausgewaideten Tieres. Magen- und Darmsäfte zerstören die feinen Fleischaromen nachhaltig. Es ist bei den Jägern wie bei den Köchen: es gibt auch Schlechte!

RECHT AUF GENUSS

➠ **Das wichtigste am Kochen ist der Einkauf. Versuchen Sie in Gesprächen mit den Händlern und Erzeugern so viel Information wie nur möglich über die Qualität der Produkte zu bekommen** ⇖

Manufactum – Brot und Butter
www.brot-und-butter.de

➠ *Eigentlicher Antrieb ist die Katastrophe einer halbstaatlich veranstalteten Lebensmittelproduktion, deren Ergebnis nicht weniger ist als die weitgehende und gleichzeitige Beseitigung des bäuerlichen Berufsstandes, aller europäischen Kulturlandschaften, etlicher Tierrassen und jedes differenzierten Geschmacksempfindens. Es geht uns um richtige Lebensmittel in des Wortes Bedeutung: gut, stimmig, und integer. Wir sind sicher, dass dieser Begriff von Güte bei Lebensmitteln am Schluss eine geschmackliche Qualität gewinnt. Und es geht uns um Vielfalt, um die Bewahrung von Differenzen, zunächst um den Unterschied zwischen agrarischer und industrieller Produktion, dann um die Vielfalt von Kulturlandschaften, den Reichtum an landschaftsangepassten Haustierrassen und die Vielfalt örtlich und jahreszeitlich geprägter Geschmäcker.*

Domäne Mechtildshausen
www.domaenemechtildshausen.de

➠ *Der Domäne-Markt Mechtildshausen ist nicht nur der größte Bioland-Bauernhof Hessens, sondern ist zugleich eine Ausbildungsstätte für benachteiligte Jugendliche, die hier in 24 Bereichen zu Fachkräften ausgebildet werden. Dazu zählen u.a. die Käsemeisterei, das Backhandwerk, die Weinherstellung und die Landwirtschaft. Auf der Grundlage der ökologischen Richtlinien des Bundesministeriums werden 600 hk des Rhein-Main-Gebietes mit Getreide, Pferden, Rinder, Geflügel, Gemüse, Obst und Zierpflanzen bewirtschaftet. Zu den Endprodukten zählen Fleisch und Geflügel, Wurstwaren und Milchprodukte wie Käse, Joghurt und Quark, Eier und Getreide, Backwaren wie Brot, Kuchen und Konditoreigenuss. Diverse geschmackvolle Gemüse- und Obstsorten werden u.a. zu Säften, Schorlen und Wein verarbeitet. All diese Roh- und Endprodukte werden auf dem Landgut in dem Domäne-Markt angeboten. Das Landgut besitzt zusätzlich noch eine Unterkunftsmöglichkeit für Besucher und führt ein prämiertes Feinschmeckerrestaurant, welches die Produkte des Hofes frisch verarbeitet.*

Recht auf Genuss
www.slowfood.de

➠ *Aus einem Protestgedanken gegen Fast Food wurde* **Slow Food** *in Italien 1986 gegründet, in Bra/Piemont. Es gibt mittlerweile in Deutschland 5000 Mitglieder, weltweit 77 000.* **Slow Food** *steht für Tafelfreuden und das Recht auf Genuss, dazu gehört der organisierte Schutz der Lebensmittel, Erhaltung traditioneller Anbautechniken und biologische Vielfalt. „Slow Food ist die 'internationale Bewegung zur Wahrung des Rechts auf Genuss'. Genuss erleben zu dürfen und die Möglichkeit, Genussfähigkeit zu entwickeln, gehören für Slow Food zu den Rechten eines jeden Menschen".*

Slow Food unterrichtet
www.unisg.it/eng/index.htm

➠ *2004 Gründung der Universität der Gastronomischen Wissenschaften in Pollenzo (Bra/Cuneo). Die Studienkurse zielen darauf hin, Akademiker mit guten wissenschaftlichen und humanistischen Kenntnissen auszubilden, die in der Lage sein werden, in der Produktion, der Verarbeitung, der Vermarktung und der Förderung von Speisen und Getränken im internationalen Rahmen zu arbeiten. Die internationale Universität nimmt jedes Jahr 60 Studenten für die dreijährige Ausbildung auf. Unterrichtet werden sie von einer Elite hochkarätiger Fachleute aus der ganzen Welt.*

Charolaisfleisch
65929 Frankfurt/Main – Heimchenweg 5
Tel. 069-31 30 15

➠ *Rückständig – noch ohne Internet, aber bestes Charolaisfleisch gibt es bei meinen Schlachtern Manfred und Sven Elsenheimer in Unterliederbach.*

Adlerwirtschaft
www.franzkeller.de

➠ *Vom Einfachen das Beste: „Die Adlerwirtschaft Franz Keller" 65347 Eltville-Hattenheim Hauptstrasse 31*

240